AF346612

LA
TERREUR A GRASSE

PAUL SÉNEQUIER

Juge de Paix

LA TERREUR

A GRASSE

NOUVELLE ÉDITION

CONSIDÉRABLEMENT AUGMENTÉE

PRIX: **2** FRANCS

GRASSE

IMPRIMERIE E. IMBERT & Cⁱᵉ

1894

L'AUTEUR AU LECTEUR

La plaquette que j'ai publiée, en 1889, sous le titre : LA TERREUR A GRASSE *est depuis longtemps introuvable, et, à la suite de nombreuses demandes qui me sont parvenues, je me suis décidé à en donner une seconde édition. Je n'ai rien négligé, dans ce nouveau travail, pour augmenter l'intérêt qu'on paraît avoir trouvé dans le premier ; si j'y suis parvenu, je dois en reporter le mérite, pour une bonne part au moins, au petit-fils (conseiller honoraire à la Cour d'Aix) de Jean-Joseph Mougins de Roquefort qui tient une large place dans mon écrit. Mon obligeant ami a bien voulu mettre à ma disposition les documents les plus précieux : la relation du voyage à Paris, de son grand-père et de ses trente compagnons d'infortune, un cahier de notes écrit de la main même de l'ancien Député de 89, dans la prison du Plessis, etc. De pareils documents sont plus qu'un tableau fidèle : ils remettent en scène les choses et les hommes de l'époque. Je dois aussi des remerciments tout particuliers à M. le docteur Gustave Lambert, le savant historien de Toulon, pour ses très intéressantes communications.* La Proscription d'Isnard, la Révolution française dans les Alpes - Maritimes, *de l'abbé*

Tisserand, divers autres ouvrages, et surtout nos archives communales, soigneusement classées aujourd'hui, m'ont fourni des matériaux que j'ai utilisés de mon mieux. Mes concitoyens, je l'espère, voudront bien me tenir compte de mes efforts.

P. SÉNEQUIER,

Juge de Paix.

Grasse, le 1ᵉʳ Juillet 1894.

LA TERREUR A GRASSE

Après avoir fait le tableau effrayant de la séance de la Convention, du 5 septembre 1793, dans laquelle « vous auriez dit un nuage chargé d'électricité qui se décharge, » Louis Blanc ajoute : « Restait à résumer et à convertir en « décrets les diverses pétitions ; ce fut Barrère « qui présenta le rapport et il le fit en termes « d'une violence inouïe : — Plaçons la Terreur « à l'ordre du jour. — Les Royalistes veulent « du sang ; eh bien ! ils auront celui des « conspirateurs, des Brissot, des Marie-Antoi- « nette. — Ils veulent troubler les travaux de « la Convention...... — Conspirateurs, elle trou- « blera les vôtres ! Ils veulent faire périr la « Montagne...... Eh bien ! la Montagne vous « écrasera ! » Et l'historien de la Révolution française ajoute : « Ainsi s'ouvrit l'ère de la « Terreur dont le seul souvenir fait aujourd'hui « encore frissonner la terre. »

Pour d'autres, notamment pour M. H. Wallon de l'Institut *(La Terreur* p. 38), cette ère s'était ouverte, dès le 31 mai. On lit, en effet, dans cette étude remarquable : « La condamnation « du Roi, dont les Girondins sont responsables, « loin de les sauver, entraîna leur chute. Elle «, détacha d'eux tous les honnêtes gens qui les « auraient soutenus dans une lutte contre les « terroristes ; elle ne leur gagna pas la Monta- «, gne ; elle fit la Montagne, au contraire, maî- « tresse de la situation ; elle menait droit au « triomphe de l'émeute dans la journée du « 31 mai, qui, par leur proscription, inaugura « sans contestation désormais le règne de la « Terreur. » Tel l'avis est aussi du Représentant Durand-Maillane *(Histoire de la Convention nationale) :* « La dictature de Robespierre, dit-il, « impossible à établir législativement, exista « de fait. Il l'a puissamment exercée. Comme « Marius et Sylla, et plus sanguinaire, il a « proscrit des deux côtés : pendant deux ans « entiers, sa volonté seule tint en France lieu « de lois. Sa toute-puissance parut, quelques « jours après la séance du 2 juin et l'arresta- « tion des Députés. » On lit dans les mémoires de Lanjuinais, l'héroïque Girondin : « A cette « soirée du 2 juin commença le cours libre « des horreurs législatives, administratives et « judiciaires qui signalèrent la fatale période « de 1793 terminée seulement en 1795. »

La date adoptée par Louis Blanc est celle que Thiers choisit aussi. « Par le décret, dit-il,

« que la Convention venait de rendre, le gou-
« vernement de la France était. déclaré *révolu-*
« *tionnaire* jusqu'à la paix. La dictature ainsi
« instituée était confiée à la Convention et au
« Comité de Salut public ayant pour agents
« le Comité de Sureté générale, le tribunal
« extraordinaire et l'armée révolutionnaire
« commandée par Ronsin, véritable colonne
« mobile ou gendarmerie de ce régime. »

A l'institution de cette armée on ajouta
(17 septembre 1793) la loi des suspects qui
devaient être enfermés dans les maisons nationales et gardés à leurs frais. Une dernière
disposition rendit cette loi plus redoutable
encore, en autorisant les visites domiciliaires
pendant la nuit. « Dès cet instant, ajoute le
« grand historien, chaque citoyen poursuivi
« fut menacé à toute heure et n'eut plus aucun
« repos. En s'enfermant pendant le jour dans
« des cages ingénieuses et très étroites que le
« besoin avait fait imaginer, les suspects
« avaient du moins la faculté de respirer pen-
« dant la nuit ; maintenant, ils ne le pouvaient
« plus et les arrestations, multipliées jour et
« nuit, remplirent bientôt toutes les prisons
« de France.

« Les assemblées de section se tenaient,
« chaque jour ; mais, les gens du peuple
« n'avaient pas le temps de s'y rendre, et,
« en leur absence, les motions révolutionnaires
« n'étaient plus soutenues. On décida alors que
« ces assemblées n'auraient plus lieu que deux
« fois par semaine et que chaque citoyen qui

« viendrait y assister recevrait quarante sous
« par séance.

« Ainsi, conclut Thiers, la machine était com-
« plète : tout aboutissait au Comité de salut
« public. Maître absolu, ayant le moyen de
« requérir toutes les richesses, pouvant en-
« voyer les citoyens ou sur les champs de
« bataille ou à l'échafaud, ou dans les cachots,
« il était investi, pour la défense de la Révolu-
« tion, d'une dictature souveraine et terrible. »

Les agents de cette dictature, qui épouvanta
la France pendant quatorze mois, étaient les
clubs, les comités de surveillance, les commissions populaires, les tribunaux révolutionnaires et enfin *le Vengeur*. C'est à celui-ci qu'était
confiée l'option séduisante ajoutée par le peuple
à la devise officielle : Liberté, Egalité, Unité......
ou la Mort ! Quant à la théorie du système,
Robespierre l'exposa, suivant sa manière, aussi
froidement que dogmatiquement, dans la
séance de la Convention du 18 pluviose. « Si,
« dit-il, le ressort du gouvernement populaire
« dans la paix est la vertu, le ressort du gou-
« vernement populaire en révolution est à la
« fois la vertu et la terreur. La vertu, sans
« laquelle la terreur est funeste ; la terreur
« sans laquelle la vertu est impuissante. La
« terreur n'est autre chose que la justice
« prompte, sévère, inflexible ; elle est donc une
« incarnation de la vertu ; elle est moins un
« principe particulier qu'une conséquence du
« principe général de la démocratie appliqué
« aux plus pressants besoins de la patrie. On a

« dit que la terreur était le ressort du gouver-
« nement despotique. Le votre ressemble-t-il au
« despotisme ? » et, se faisant, lui-même, la
réponse, l'impassible théoricien continuait :
« Oui, comme le glaive qui brille dans les
« mains des héros de la liberté ressemble à
« celui dont les satellites de la tyrannie sont
« armés. Que le despote gouverne, par la
« terreur, ses sujets abrutis, il a raison comme
« despote. Domptez par la terreur les ennemis
» de la liberté et vous aurez raison comme fon-
« dateurs de la République. Le gouvernement
« de la Révolution est le despotisme de la
« liberté contre la tyrannie. » — On sait comment Robespierre se borna à exercer ce despotisme d'un nouveau genre contre les tyrans ;
l'épitaphe qu'on lui composa en fait foi :

> Passant, qui que tu sois, ne pleure pas mon sort,
> Si je vivais, tu serais mort.

Il faut reconnaître, d'ailleurs, que sa savante
dissertation justifie pleinement l'appréciation
suivante de M. H. Wallon : « La Terreur n'était
« donc pas l'excès mal avoué d'un gouverne-
« ment qui s'oublie ; c'était un régime légal
« froidement voulu et raisonné. »

« La machine », suivant l'expression de
Thiers, ne tarda pas d'être montée à Grasse.
Réduction fidèle de celle de Paris, elle fonc-
tionna, munie de tous ses rouages : le Directoire du département, le Directoire du district,
le Corps municipal, le tribunal révolutionnaire
avec ses prisons et son « rasoir national. » Peu

de petites villes ont eu ce triste privilège. Les recherches auxquelles je me suis livré me permettent de donner au moins une idée de la manière dont marchaient ces divers rouages, sous l'impulsion de deux moteurs infatigables, « la société populaire et républiquaine des sans-culottes » affiliée au club parisien des Jacobins et « le Comité de surveillance. »

CLUB DES SANS-CULOTTES. — Grâce à une communication obligeante, j'ai pu compulser les registres originaux de ce club, « organisé « surtout contre cette monstrueuse Société dite « des Artistes qui voulait le terrasser à sa nais- « sance » et dont nos Jacobins célébrèrent plus tard l'anéantissement.

Cette société « des Artistes » dite aussi « des Amis de la Constitution » était composée de toute la bourgeoisie libérale, sincèrement attachée aux principes que l'Assemblée Constituante venait de proclamer. Elle avait été créée, dès 1790, par Jean-Joseph Mougins de Roquefort, avocat au Parlement, ancien Maire de Grasse, député aux Etats-Généraux, le chef reconnu de cette bourgeoisie animée des meilleurs sentiments (*V. Annexes* I). On sait que des « Sociétés des Amis de la Constitution » s'étaient formées dans presque toutes les communes, « partout, comme dit Michelet, pous- « sant les municipalités, accusant leur inaction, « au besoin agissant à leur place. Mais, ajoute « le grand historien, ces sociétés, qui rendirent « d'abord de réels services, se laissèrent aller

« plus tard à l'intolérance et dépassèrent le but
« de leur institution. Ce sont toujours les impa-
« tients, les intolérants, les exagérés qui font
« dévier les révolutions quand ils ne les per-
« dent pas. »

Les choses ne se passèrent pas ainsi à
Grasse : « Les Amis de la Constitution » res-
tèrent fidèles à leurs principes. Les impatients,
les intolérants et les exagérés se réunirent dans
une société rivale, dont le nom seul, « Club des
sans-culottes », suffisait à indiquer les ten-
dances.

Formé par l'ancien secrétaire de Mougins de
Roquefort, le citoyen Ricord (plus tard membre
de la Convention), ce Club tient secrètement ses
premières réunions dans la propriété du médecin Rossignoly, beau-père de Ricord, au quartier des Ribbes, à l'ombre d'un figuier (tombé
de vétusté depuis peu de temps). De là : « les
« Patriotes du figuier, les Membres de la figuiè-
« re, le sacré figuier, la fête du figuier » et
autres allusions à cet arbre vénéré près duquel
fut planté solennellement un arbre de la Liberté, le 11 pluviose an II. Depuis la veille, la
Société avait quitté cet abri retiré ; organisée
sur le modèle du Club des Jacobins de Paris
avec sa tribune, son bureau, ses comités, ses
commissaires et ses « défenseurs officieux »,
elle venait d'inaugurer ses séances publiques
dans l'église des cy-devant Oratoriens, devenue
« le temple de la Liberté. » Ce temple est orné,
comme de juste, des bustes « des martyrs de
« la Liberté, Marat et Lepelletier, et du tableau

« représentant le sacré figuier de la campagne
« du représentant Ricord. » A la séance du
28 pluviose, un Membre, le citoyen Egron, aide-
de-camp du général Gautier, avait proposé de
planter un figuier en nature, en face de la
tribune. Ce figuier était l'arbre « connu pour
« avoir rassemblé sous son ombre les patriotes
« intrépides qui firent le serment solennel de
« verser jusqu'à la dernière goutte de leur
« sang pour la déffense [1] de la liberté. » A la
séance du lendemain, l'orateur voulut bien
modifier sa proposition et se contenter d'un
figuier en peinture, dans les conditions suivantes : « Sur le tronc de l'arbre, il y sera
« inscrit le nom de Ricord, fondateur de la
« Société, et, sur chaque feuille, le nom d'un
« des membres qui ont coopérés avec lui à
« l'établissement de la Société et ceux qui ont
« été membres de la Figuière dont une feuille
« sera jaune et détachée et y sera inscrit
« dedans en grand caractère le nom de l'infame
« Elzéard Lambert, qui, après avoir signé de
« son sang le serment sacré, a eu la scéléra-
« tesse de le trahir. » Cette motion est adoptée
par acclamation, et « le citoyen Honoré Manté-
« gués, membre de la Société, se charge de
« peindre le figuier. »

La Société comptait plus de 900 membres,
dont « le général Masséna, Roberts Pierre le
« jeune, Barras, Fréron et Salicetty », reçus

---

(1) J'ai conservé scrupuleusement l'orthographe de tous les
originaux dans lesquels j'ai puisé.

à la séance du 28 pluviose an II, « comme coopé-
« rateurs aux travaux du représentant Ricord. »
Dès avant sa réception, le futur prince d'Essling,
duc de Rivoli s'était montré parmi nos sans-
culottes. Ainsi, le 23 pluviose, Ricord présidait ;
« une citoyenne a montée à la tribune et a fait
« un discours qui a mi l'assemblée dans le plus
« grand enthousiasme par la force et lenergie
« avec lequel il a été prononcé ; elle a fini par
« présenter une couronne civique à Ricord qui
« lui donne lacolade de fraternité. Le président
« prenant ensuite la couronne dit que de tels
« emblemes doivent se donner à l'immortalité,
« qu'un républicain ne doit les recevoir que
« pour les transmettre a ceux qui la méritent
« et charge le général Massenna de la faire
« passer à l'armée du Port de la Montagne »
(Toulon qui avait été repris depuis un mois
environ).

Toutes les séances n'étaient pas rehaussées
par des démonstrations de cette nature ; un
incident sinistre, véritable scène de la Terreur,
s'était produit, dix jours avant : « 13 pluviose
« an II — Le fossoyeur se presente à lassem-
« blée et dit que depuis que lon fesait dexécu-
« tion dans cette commune il avait enterré les
« justicié et n'avait jamais retiré aucun salaire
« et qu'il netait pas juste qu'il le fit pour rien.—
« Les défenseurs officieux sont chargés de
« faire une petition au département. » Cette
pétition n'était hélas ! que trop fondée : le
fossoyeur avait déjà enterré quatorze « justicié » et il n'était pas à la moitié de sa funèbre
besogne.

16 germinal — La Société s'occupe de l'opération officielle accomplie dans la journée : le Maire avait brûlé publiquement, dans la cour de l'Hôtel-de-Ville « les billets de confiance mis « en circulation par la Municipalité et retirés « en vertu de la loi. » Ces billets, émis, le 24 août 1791, sous le titre de *coupons d'assignats*, étaient de 25, 15 et 5 sols ; ils s'élevaient à la somme de 4,000 francs et n'avaient cours que dans la Commune. La planche, qui avait servi à leur fabrication, avait été brisée solennellement, le 20 décembre 1792, en exécution de la loi du 18 novembre, même année.

10 floréal — L'annonce de la prise de Saorgio donne lieu à une manifestation enthousiaste. Masséna, membre du Club, venait de remporter là sa première victoire, secondé par le jeune général de brigade Bonaparte. « Une faran- « doule de jeunes citoyens et citoyennes est « introduite dans la salle, aux cris répétés de : « Vive la République ! Vivent nos frères d'ar- « mes ! et, après avoir salué l'assemblée, s'est « retirée. » Sur la demande du Club, la Muni- cipalité « fait sonner la cloche (*Sauve-terre* « avait été la seule laissée au clocher) et tirer « des boettes. » (*V. Annexes* II).

15 floréal — « Les Commissaires envoyes au « Plan pour installer la Société font le rapport « que tout cest passé dans la plus grande fra- « ternité, et observe encore que la nouvelle « Société du Plan desirerait avoir un extrait de « notre reglement ce qui a eté deliberé a luna- « nimité. »

3 prairial — « Doussan dit qu'il a été étonné
« en allant au temple de la Raison, le jour de
« la dernière décade, de voir qu'on lui fesait
« payer les chaises. Qu'il ignore si ce produit
« est versé dans la caisse publique. — Fabre dit
« que le fanatisme empiete toujours, et que
« partout ou il sera en concours ou associé aux
« fêtes civiques, aux instructions républicai-
« nes, il gravitera et corrompra l'opinion pu-
« blique ; il fait la motion d'envoyer une depu-
« tation a la municipalité pour l'inviter à con-
« sacrer entièrement la ci-devant paroisse au
« culte de la Raison, au temple de l'Etre Suprê-
« me, que toute autre designation etrangere a
« des exercices republicains en sera bannie,
« pour toujours, que sa motion ne contrarie
« pas l'exercice du culte particulier catolique
« qui peut être placé avec decence ailleurs. —
« Isnard parle dans les mêmes principes et
« ajoute que les commissaires qui iront a la
« Municipalité demandent aux officiers muni-
« cipaux de faire rendre au percepteur du loyer
« des chaises la rétribution qu'il a perçue, le
« jour de la décade, et qu'il ne peut recevoir
« que pendant l'exercice d'un culte particulier,
« de ceux qui le professent. »

Les désirs de la Société populaire ne tardè-
rent pas d'être accueillis par le Corps municipal pour lequel ils étaient de véritables
ordres. Maximin Roubaud, agent national de
la Commune, vint le lui annoncer, le 17 prairial, au milieu d'applaudissements enthou-
siastes. « La Municipalité, dit-il, s'est occupée

« aujourd'hui du choix d'un local pour la cele-
« bration des fêtes civiques, elle a consulté
« le District et elle a pensé que la ci-devant
« cathédrale était le seul propre a cet objet, elle
« va en conséquence s'occuper sans dellai de
« la metre dans un état decent et à l'avenir les
« fetes decadaires seront célébrées dans ce
« temple dedié a l'etre supreme. »

Malheureusement, on avait compté sans l'Intendance de l'armée d'Italie qui vint mettre tout le monde d'accord, en faisant, de la ci-devant église cathédrale et paroissiale, un simple magasin à fourrage, dans lequel éclatait, un an après, le grand incendie du 19 fructidor an III. — Les vieilles orgues de Mgr Scipion de Villeneuve furent consumées ainsi que la chaire de Mgr de Mesgrigny. Le tableau de Fragonard, comme on peut le remarquer encore aujourd'hui, fut enfumé ; la magnifique toile de Subleyras fut mise en lieu sûr par quelques citoyens dévoués. Echappèrent aussi au désastre les deux lustres de la ci-devant chapelle du Saint-Sacrement que la Société populaire avait fait « prendre pour éclairer mieux la salle des « fêttes, ces sans-culotides, et les garder jus« ques à ce que la république les fasse vendre. » (*V. Annexes* III).

En attendant, notre ville n'avait pas encore un temple dédié à l'Etre Suprême que Robespierre avait substitué à Mlle Maillard de l'Opéra, « cette image animée, chef-d'œuvre de la nature », personnifiant la déesse Raison. Le Représentant Ricord s'en plaint amèrement, à

la séance du 16 thermidor, qu'il préside, sans
se douter de la révolution accomplie à Paris
depuis 7 jours. « Toutes les Communes de la
« République, dit-il, se sont empressées de dé-
« signer et consacrer un local pour brûler à
« l'Etre Suprême, véritable Dieu de la nature,
« l'encens pur de la vertu. » — « Comparant
« ensuite la religion sacrée que le Gouverne-
« ment républicain a embrassé avec la religion
« mensongère du prêtre imposteur et fanati-
« que, il a fait sentir avec toute l'énergie possi-
« ble qu'il n'y avait que des sots, des stupides
« et des hébétés qui pussent avoir confiance au
« Dieu des papistes » etc. etc.

A la suite de ce discours, la Société décide
qu'il sera nommé « des commissaires par quar-
« tier afin de surveiller ceux qui voudraient
« encore entretenir le fanatisme, en chaumant
« d'une manière affectée et en ouvrant leurs
« boutiques, les jours ci-devant nommés di-
« manche, pour les dénoncer à qui de droit. »

25 thermidor — « Lombard fait lecture de
« l'adresse à la Convention sur les évènements
« du neuf thermidor ; elle est adoptée. Daumas
« est chargé de la mettre au net. » — La nouvelle de la chute de Robespierre avait mis
quinze jours pour arriver de Paris à Grasse.
Le tribunal du district s'était hâté, lui aussi,
d'envoyer son adresse à la Convention, devançant ainsi le Club. Aux annexes (IV), on trouvera cette page, parfait modèle du style empha-
tique de l'époque.

En dehors des incidents que je viens de relater et de quelques autres semblables, les séances du Club sont réglées, presque toutes, sur le même programme. On procède d'abord aux désignations suivantes : les membres appelés à travailler, le lendemain, « à l'atelier révolutionnaire du salpêtre » établi dans le jardin du ci-devant couvent des Visitandines à Tracastel ; ceux chargés de présider aux distributions de pain, qui se font, tous les matins, à l'ancien Capiscolat (Place du Petit-Puy nº 4) et dans le réfectoire du ci-devant couvent de l'Oratoire, ceux enfin qui auront à visiter les « deux hopitaux des frères d'armes » installés dans les églises des ci-devant Capucins (nº 1) et des Cordeliers (nº 2). Ces derniers Commissaires doivent en même temps surveiller les inhumations dans les cimetières créés provisoirement, l'un, au quartier du *Saint-Esprit*, « sur le pred dit du Cabiscol appartenant à feu Ricord cadet », l'autre, au fond du ravin dit *le Rossignol*. Le premier était pour les morts de l'hôpital des Capucins et pour ceux de la ville ; le second avait été créé pour l'hôpital des Cordeliers ; mais, le 24 thermidor an II, la Municipalité décida de consacrer exclusivement à cet établissement le cimetière communal qui lui était contigu.

Les commissaires, qui avaient été nommés, la veille, rendent compte de leur inspection de la journée et apportent, tous, des doléances qui se renouvellent chaque soir : les frères d'armes malades se plaignent, ceux surtout qui « sont sous la tante dans le jardin des cy-devant Capucins » ; la distribution du pain a laissé à désirer sous le rapport de la quantité ou de la qualité ; les ouvriers du salpêtre sont arrivés en retard ; un d'eux a été vu sans la cocarde tricolore [1] ; un commissaire ne s'est pas rendu à l'hôpital n° 1 ou n° 2 ; un autre ne s'est pas présenté à la distribution du pain ; on a vu un prêtre en soutane dans la rue, etc. Puis, viennent des discussions sur toute espèce de sujets: déserteurs, affiliations, suppression de la sonnerie des cloches, interdiction du « culte extérieur des papistes » (vœux immédiatement exaucés), propreté des rues, chiens enragés, armement des citoyens, défense des côtes menacées par « les vils habitants de la perfide Albion » maximum, adresses à la Convention, correspondance, admission de nouveaux membres, épurations, éclairage public, etc. — Cet éclairage était à créer et le Club demandait vingt-un reverbères, pour la confection desquels les parfumeurs « ne faisant pas grand chose en ce moment », pourraient céder quelques verres de leurs chassis à jasmin. Mais, la Municipalité n'osa pas se lancer dans une aussi folle dépense ; elle se borna à prendre « en « considération la demande tendante à faire

(1) Ce nouveau signe de ralliement créé par la Commune avait remplacé la cocarde verte et devait symboliser un pacte d'alliance entre le peuple, l'Assemblée nationale et le monarque (Eugène de Mirecourt — *Avant, pendant et après la Terreur*). — On sait comment Bailly l'attacha au chapeau de Louis XVI, le 17 juillet 1789.

« metre un fanal au local ou ce tient ordinai-
« rement la sentinelle pour la suretté de la
« maison d'arretté près la Maison-Commune. »
— On discute longuement, puis, des délégués
sont envoyés aux officiers municipaux pour
leur porter les vœux ou plutôt les injonctions
de la Société. A la fin des séances, on lisait « les
papiers nouvelles », on chantait des hymnes ou
cantiques patriotiques et l'on se séparait, aux
cris répétés de : Vive la République ! Vive la
Montagne et les sans-culottes !

A partir du 9 thermidor, le relâchement est
visible, les séances sont moins fréquentées ;
aussi, faut-il entendre les plaintes que répètent
à l'envi tous les orateurs du Club : « Si la
« Société n'est pas fréquantée, c'est parceque
« bien de personnes croyent que le gouverne-
« ment révolutionnaire est finy et comme il
« est sorty beaucoup de détenus, bien des per-
« sonnes lèvent la tête et bien des gens en
« charge ne font plus leur devoir ! » Un autre
s'écrie : « Je suis prêt à dénoncer publiquement
« les réfractaires aux délibérations de la Société
« concernant les fêtes des décades. Faut-il vous
« dire, Citoyens, que ceux-là même qui crient
« le plus, au milieu de vous, *qu'il faut faire,*
« *qu'il faut dire, qu'il faut sévir,* sont les
« premiers, à la honte du sans-culotisme, à se
« revêtir, les ci-devant fêtes et dimanches, de
« leur plus bel habillement. Sachez encore
« qu'hier, ci-devant dimanche, il n'y avait pas
« six boutiques d'ouvertes ! »

Les meneurs supplient les membres de se

rendre plus assidûment aux séances ; ils leur reprochent leur peu de zèle et leurs nombreuses absences ; ils les conjurent « de célébrer « dignement les fêtes des sans-culotides, de « se ralier autour de l'arbre de la liberté pour « surveiller les malveillans. » Ils présentent motions sur motions, dans le but « de régé- « nérer la Société et extirper, une fois pour « toutes, de son sein, les hommes qui ne sont « pas digne d'y être, pour écarter de son sein « tous ceux qui ne veulent point participer au « maintien de la République. » On va jusqu'à citer à la barre de l'assemblée les sociétaires soupçonnés de tiédeur ou d'indifférence : té- moin, le citoyen Montagne appelé à se justifier, le 1er vendémiaire an III. « Bérard demande « que l'on passe à l'ordre du jour sur les « reproches qu'a pu mériter ce citoyen, en « faveur du nom sacré qu'il porte. » La société adopte cette proposition au milieu des applaudissements.

Malgré tous ces efforts, le Club de nos sans-culottes ne pouvait se relever du coup que lui avait porté le décret du 24 vendémiaire an III. Après avoir terrassé la Société rivale qui lui inspirait tant de haine, après avoir dominé la ville et le district, ce Club redoutable consacre ses séances désertées à la correspondance et à la lecture des *papiers-nouvelles*. « Lombard « propose d'ajouter à cette lecture des pièces « sentimentales pour former les mœurs du « Public aux vertus civiques et républicaines, « et, dans ce but, de choisir des citoyens

« connus par leur talent pour le chant, comme
« on désigne des orateurs pour chaque mois. »
Deux commissaires sont nommés pour « faire
« la liste de tous ceux qui sont en état de
« chanter, les jours de décadi. » Aux mêmes
jours, les orateurs se font entendre, et chacun
d'eux, à son tour de rôle, déploie son éloquence
sur le sujet qu'il a choisi : la Prudence, la
Justice, le Malheur, le Courage, l'Amitié, etc.,
etc. Mais hélas ! ces attraits variés sont impuissants : les fidèles sont de moins en moins nombreux ; « on ne monte plus exactement la
garde »; l'atelier du salpêtre est délaissé, on est
réduit à y envoyer des ouvriers à gages ! Enfin,
le 30 frimaire an III, jour de décadi et vrai jour
de malheur, deux gendarmes osent pénétrer
dans le temple de la Liberté et en expulsent
« les citoyens et les citoyennes réunis dans la
« salle des séances pour la célébration de la
« fete du maleur de cretée par la Convention
« nationale pour être consacrée a louangér la
« profetion agricole et secourir, au nom de la
« nation, les citoyens des deux sexes infirmes
« et sexageneres. »

Les registres des délibérations commencés,
le 10 pluviose an II, sont arrêtés au 9 nivose
an III. A cette date, le Club de l'Oratoire avait
vécu, devançant ainsi la loi du 7 thermidor
an V qui devait supprimer les sociétés populaires. Moins d'un mois après, le 5 pluviose, le
grand Club parisien des Jacobins subissait le
même sort.

Comité révolutionnaire. — On connait cette institution effrayante que la Convention avait créée, le 21 mars 1793 et qu'elle investit, le 17 septembre suivant, du droit de faire arrêter les suspects et de les garder en prison, à leurs frais ; jusque-là sa mission se bornait à les rechercher, à les signaler et à délivrer les certificats de civisme, « le laissez-passer indispensable de l'époque. » Ce décret du 17 septembre « fut la charte de la Terreur » *(H. Vallon)* ; deux de ses articles permettent d'en juger : *Art. 1er. Tous les suspects doivent être immédiatement mis en état d'arrestation.* — *Art. 2. Seront réputés suspects......... 8° Ceux qui, n'ayant rien fait contre la liberté n'ont aussi rien fait pour elle.* « L'accusateur public « était ainsi débarrassé de faire la preuve du « délit et on était emprisonné, on était guillo- « tiné comme suspecté d'être suspect » *(Mémoire sur les prisons).*

« Le nombre des Comités révolutionnaires, « dit Louis Blanc, dans toute la France devait « s'élever, d'après la loi, jusqu'à quarante-cinq « mille : le nombre de ceux qui furent en acti- « vité atteignit le chiffre déjà bien assez consi- « dérable de vingt et un mille cinq cent...... « vingt et un mille bras donnés au gouverne- « ment de la Terreur. » Ils étaient élus par le peuple dans les sections dont « les séances « furent fixées à deux par semaine et une « indemnité de quarante sols mise à la dispo- « tion de ceux des membres qui n'auraient « pour vivre que le travail journalier de leurs

« mains. Billaud-Varenne fit décréter aussi que
« les membres des Comités révolutionnaires
« recevraient une indemnité de trois livres par
« jour » *(Louis Blanc)*. En Province, ils étaient
ordinairement constitués par les Municipalités,
lorsque les Représentants du Peuple en mission ne les reconstituaient pas, de par l'autorité
souveraine que la loi leur conférait à cet égard.
Leurs présidents étaient nommés à l'élection
par les membres des Comités eux-mêmes et
fréquemment renouvelés. Ces agences redoutables étaient ordinairement désignées par le
nom euphémique de *Comités de surveillance*,
de même que les dénonciateurs qui pullulaient
autour d'eux, collaborant si puissamment à
leur œuvre, étaient appelés *les Observateurs*.
« On assure, dit *l'observateur* Chaumont, que,
« si l'on n'eût point salarié les Comités révolu-
« tionnaires ainsi que d'autres places, les
« citoyens ne seraient pas aussi acharnés à se
« dénoncer, et qu'aussi l'action révolutionnaire
« n'aurait pas eu le degré de force qu'elle a.
« Les *observateurs* avaient aussi leur récom-
« pense accordée par la loi. »

Notre ville était dotée d'un Comité de surveillance, dès le 27 mai 1793, ainsi que le constate
la délibération ci-après :

« Le Conseil municipal en surveillance per-
« manente

« Considérant que l'intérêt public et les dan-
« gers de la patrie exigent l'établissement d'un
« Comité de surveillance, de sureté publique, à
« l'effet de veiller, en conformité des lois, à

« tout ce qui peut intéresser le bien commun
« des citoyens, nomme les citoyens Levans,
« Marc-Henri Cresp, Honoré Templier, officiers
« municipaux, Guidal, substitut du Procureur
« Syndic de la Commune, Maximin Isnard[1],
« Spitalier juge, et Jean-Baptiste Pons, prêtre,
« pour former un Comité de sureté publique
« qui s'assemblera, dans une des salles de la
« Maison-Commune, toutes les fois que les
« circonstances l'exigeront. Si le bien public
« exigeait quelque détermination, ils en feront
« de suite part au citoyen Maire qui sera tenu
« d'assembler le corps municipal, pour être
« délibéré ce qu'il appartiendra ».

Un pareil Comité, dans lequel entrait un
prêtre ne parut pas probablement à la hauteur
de la mission ou plutôt de la dictature terrifiante
que lui confiait le fameux décret du 17 septembre. Les Réprésentants en mission y mirent
bon ordre promptement, ainsi que le constate
l'arrêté ci-après :

« Au nom de la République

« Les Représentants du Peuple, députés par
« la Convention Nationale près l'armée d'Italie.

« Considérant qu'il importe au salut de la
« République que le décret du 17 septembre
« dernier relatif aux gens suspects soit promp-
« tement mis à exécution.

« Arrêtent.

« ARTICLE PREMIER. — A la diligence du Pro-
« cureur Général du département du Var, le

____

(1) Maximin Isnard non acceptant fut remplacé par le
citoyen Gasq, juge au tribunal de district.

« Comité de surveillance de la commune de
« Grasse, établi d'après la loi du 21 mars
« dernier, sera requis de procéder sans délai à
« la liste des gens suspects de son arrondis-
« sement, en se conformant à l'article 3 de la
« loi du 21 septembre.

« ART. 2. — Là où il n'y aurait aucun Comité
« de surveillance établi d'après la loi du 21 mars,
« les représentants du Peuple nomment, pour
« en remplir les fonctions, les citoyens Niel
« ainé marchand, Taladoire marchand, Louis
« Brun père, Aubanel cadet teinturier, Louis
« Girard l'ainé, Orry tourneur et Lambert le
« jeune chirurgien[1].

« ART. 3. — Seront regardés comme suspects
« et mis en état d'arrestation ceux des sus dits
« citoyens qui refuseraient de remplir ces fonc-
« tions dans le dit délai.

« ART. 4. — Toutes les listes de gens suspects
« faites jusqu'à ce jour sont et demeurent
« annulées.

« Fait à Nice ce 1er octobre 1793 l'an 2 de la
« République Française. »

Signé RICORD, ROBESPIERRE jeune.

Un autre arrêté des mêmes, du 11 octobre,
autorise le Comité à confirmer les mandats
d'arrêt déjà exécutés. Le lendemain, 12, la
municipalité faisait appel aux gens de bonne
volonté pour former une force armée destinée à

---

(1) Ces noms ont été consignés par l'Abbé Tisserand dans
son *Histoire de la Révolution française dans les Alpes-Maritimes*, p. 196. — (V. Annexes V).

la garde des gens déclarés suspects par le Comité de surveillance.

On verra aux annexes (V) comment le nouveau Comité de surveillance remplit la mission qui lui avait été confiée spécialement. Trois de ses membres, Aubanel, Girard et Orry étaient néammoins remplacés, avant la fin du mois, par Roure fils du tailleur, Jacques Cresp et Aubarestier cadet. Le club des Sans-culottes avait provoqué cette réorganisation, avec le concours de la Société populaire de Nice, en vue d'un grand coup qu'il voulait frapper dans la personne de J. J. Mougins de Roquefort qui, un mois avant, le 28 septembre, avait été élu, pour la troisième fois, président du tribunal civil du district[1].

Je me fais un devoir de consacrer quelques pages aux infortunes de cet homme, qui avait joué un si grand rôle dans le pays et qui fut l'objet de la plus odieuse persécution. Je puise mes renseignements dans les notes et papiers de famille écrits de sa main : « Quoique mes « principes eussent toujours été purs et invio- « lables pour l'amour de la patrie, des scélérats « osèrent faire suspecter mes sentiments civi- « ques. Quatre membres du Comité de surveil- « lance de cette commune furent d'avis de me

---

(1) On sait que M. Mougins de Roquefort élu maire de Grasse pour 1787, avait eu l'honneur tout-à-fait exceptionnel d'être maintenu, trois années consécutives, dans ces fonctions. Il avait été envoyé aux Etats-Généraux, comme député du Tiers-Etat, pendant que son frère, curé de Grasse, y était aussi nommé, comme député du Clergé.

« faire incarcérer comme *suspect*, contre l'opi-
« nion des trois autres nommés Jacques Cresp,
« Louis Brun père et Aubarestier cadet. Que
« mes enfants n'oublient jamais que ces quatre
« monstres m'ont conduit aux portes de la
« mort, et que par leur scélératesse ils ont été
« sur le point de les priver d'un père et de tout
« ce qu'ils possèdent. Ce n'est pas pour leur
« inspirer des sentiments de vengeance : ils
« sont loin de mon cœur... j'ai pardonné aux
« auteurs de mes souffrances.

« Je fus donc arrêté par Raybaud gendarme,
« le 8me jour du second mois de l'an 2 de la
« République Française (29 octobre 1793) à 8 h.
« du soir, dans l'Hôtel-de-Ville, au sortir du
« Conseil de la Commune où je m'étais rendu
« comme *notable*. Je fus ainsi arraché de la
« manière la plus cruelle à ma femme et à mes
« enfants, que je ne pus aller embrasser ; on
« mit les scellés sur mes papiers et l'on me
« conduisit dans la maison d'arrêt du ci-devant
« séminaire. On m'avait d'abord menacé de la
« prison pestilentielle des *Pénitents noirs* ;
« mais sur ma réclamation, le maire qui était
« témoin de cette lutte affligeante, désigna celle
« du petit séminaire et eut l'honnêteté de m'y
« conduire lui-même.

« Vingt jours après, l'on nous transféra à
« Draguignan, dans la maison d'arrêt dite de
« Cannaux[1] où je fus, pendant plus de cinq
« mois, avec environ cent détenus. Etaient dans

---

(1) Ancien hôtel de la famille Raimondi de Cannaux.

« la même chambre que moi M. Ainezy-Mont-
« pezat et Brunel, marchand, de Draguignan.

« Le 15 germinal, avec plusieurs autres déte-
« nus, je fus traduit, de Draguignan à Grasse,
« pour être jugé par le tribunal révolution-
« naire, qui existait dans cette commune. Cette
« translation avait été ordonnée, le 16 ventose,
« par les Représentants du Peuple, Robespierre
« le jeune, Salicetti et Ricord. — Ce dernier
« avait été mon secrétaire pendant trois ans. —
« Nous fumes poursuivis jusqu'à la porte de la
« ville par des huées et les cris de *Vive la guil-*
« *lotine !* En arrivant à Grasse, on nous condui-
« sit à *la Tour* [1], prison destinée pour les plus
« grands coupables et dont le seul aspect ins-
« pire l'épouvante et l'effroi. Mais, sur nos
« représentations, on nous fit descendre à la
« maison de détention dite du séminaire, ma
« première prison.

« Le 6 messidor an II (24 juin 1794) à midi, au
« nombre de 31, on nous met en route pour
« Paris, en vertu du décret du 27 germinal, aux
« termes duquel tous les prévenus de contre-
« révolution devaient être traduits devant le
« tribunal révolutionnaire de cette ville. Je
« supprime les détails affreux de ce pénible
« voyage. On les trouvera écrits soit dans un
« *mémoire* que j'avais fait pour ma justification,
« soit dans une *relation* imprimée que j'avais
« également composée, à la sollicitation de mes
« compagnons d'infortune ». *(V. Annexes VI).*

---

(1) *La Tourre de la Carce* (Prov.) rue des Quatre-Coins.

Pour le cas où ces malheureux auraient pu conserver quelque illusion sur le sort qui leur était réservé, on se faisait un patriotique devoir de la dissiper. Pendant les 39 jours de leur voyage, on ne manqua pas de leur répéter qu'ils allaient *jouer à la main chaude, mettre la tête à la fenêtre, cracher dans le sac, prendre des numéros de la liste de la Sainte Guillotine*, toutes aménités alors fort à la mode. Et c'est ainsi que ces infortunés se rendirent, de Grasse à Paris, « ville fatale alors devenue, pour ainsi dire, le rendez-vous de la mort. » Un pareil voyage fut pour eux un long et épouvantable martyre, mais il fut leur salut : ils n'arrivèrent que le 14 thermidor, cinq jours après la chute de Robespierre. — C'est ainsi, qu'à Paris, on les prit pour des terroristes et qu'à ce titre on les salua du cri de *vive la guillotine* qui les avait poursuivis, comme aristocrates, le long de leur route. — On lira sans doute avec un vif intérêt les détails lamentables des principales stations de cette voie douloureuse ; ils sont consignés dans les notes écrites par le président Mougins de Roquefort, à Paris, dans la prison *du Plessis*, « qui tenait lieu de réservoir à la Conciergerie, la dernière station avant l'échafaud » (H. Wallon). — C'est de ces notes originales que je les ai extraits (V. Annexes VII).

Trois mois après, le prétendu « ennemi du Peuple » remontait sur son siège, en vertu de l'arrêté ci-dessous du Comité de législation de la Convention, en date du 24 vendémiaire an III :

« Vu la lettre écrite au Comité de législation

« par le représentant du Peuple Ricord, envoyé
« en mission dans le département du Var, lors
« de l'arrestation du citoyen Mougins, dans
« laquelle il déclare qu'il n'a recueilli aucune
« indication qui puisse contrarier sa rentrée en
« fonctions et sa bonne conduite, en ajoutant
« qu'il croit difficile qu'on eût pu administrer
« des preuves des dénonciations qui avaient eu
« lieu contre lui : le Comité après avoir pris des
« renseignements sur la conduite tenue par le
« citoyen Mougins, aux différentes époques de
« la Révolution, et notamment sur les prin-
« cipes qu'il a manifestés dans l'Assemblée
« constituante, où il s'est assuré qu'il avait
« défendu constamment avec zèle et fermeté les
« intérêts du peuple ; — Arrête que ce citoyen
« reprendra les fonctions de président du tri-
« bunal de Grasse, qu'il remplissait avant sa
« détention et dont il n'a jamais été destitué. »

Le Club des Sans-Culottes, à l'exemple de son chef, le conventionnel Jean-François Ricord, se montra favorable à l'ancien Maire de Grasse. Il décida de lui délivrer les copies des délibérations qu'il avait prises à son égard, « car, « disait-il, on ne doit point refuser à un homme « les pièces qui lui sont nécessaires pour sa « justification. » Ce qui déprécie quelque peu cette déclaration irréprochable, c'est que les copies en question se faisaient encore attendre, au bout de dix mois.

Il est une autre victime notable de la Terreur qui a sa place tout indiquée dans cette étude. Je veux parler de notre compatriote, Honoré

Maximin Isnard, le fougueux orateur, « l'exagération de la Gironde » d'après Lamartine, « ce provençal, dit Louis Blanc, qui semblait « homme à mettre le feu à l'histoire par des « discours où se réflétait le soleil étincelant de « son pays. » C'est le district de Draguignan qui l'avait envoyé à la Législative et à la Convention. On sait le grand rôle rempli par lui au sein de cette assemblée qui « ordonna l'affiche, « le placard et l'envoi dans les départements, « de l'adresse aux Français rédigée par lui, lors « de l'appel des 300,000 hommes. Ce député du « Var, ajoute Durand-Maillane *(Histoire de la « Convention Nationale)*, connu par le genre « fort et énergique de son éloquence y parle « d'un bout à l'autre le langage du plus chaud « républicain. » On sait qu'il présidait la Convention, le 25 mai 1793, lorsque les sections de Paris et le Conseil général de la Commune vinrent demander impérieusement la mise en liberté immédiate d'Hébert qu'ils réclamaient comme « un frère, un ami, celui qui « était investi de leur confiance et leur avait « toujours dit la vérité » (Louis Blanc). On connait la fière réponse qu'il adressa à cette députation et qu'on lui fit expier par une proscription de quinze mois pendant laquelle il put à grand-peine sauver sa tête. On en jugera par ces quelques lignes extraites de sa *vie politique* : « Le 3 octobre 1793, les conspirateurs « triumvirs qui dominaient les anciens Comités « et la Convention me font décréter d'accusa- « tion sans être entendu. Quelques mois après,

« deux Commissaires et douze hommes armés
« viennent visiter le local que j'habite, cher-
« chant dans tous les coins et recoins de l'en-
« ceinte même où je suis, et, durant un quart
« d'heure, marchant sur ma tête. Pour cette
« fois, je me crus perdu sans retour...... Etendu
« sur le dos, dans une trappe étroite que j'avais
« artistement pratiquée sous terre, je tenais
« un pistolet d'une main et un poignard de
« l'autre........ Je regrettais peu la vie ; le spec-
« tacle de tant de malheurs publics me la
« rendait insupportable ; mais le cri de mes
« enfants retentissait au fond de mes entrailles.
« O nature, que tu es douce et cruelle.......... »
Ce n'est que, le 24 frimaire an III, qu'Isnard ose
se montrer et adresser sa requête à la Convention, pour « obtenir, comme il le dit, justice
ou la mort. » On sait que l'Assemblée ne lui
accorda ni l'une ni l'autre. (*V. Annexes* VIII).

La phrase historique d'Isnard a été diverse-
ment appréciée. Le conventionnel Durand-
Maillane, qui de son banc avait tout vu et tout
entendu, s'en explique en ces termes : « Le
« Conseil général demanda ensuite, comme les
« sections, la mise en liberté d'Hébert. Ce fut à
« cette dernière députation que le président
« Isnard fit cette belle et noble réponse dont on
« a tant abusé et si cruellement contre lui.
« Mais, quand on s'abandonne ainsi à son
« tempérament dans des circonstances criti-
« ques, comme celles où nous nous trou-
« vions alors, on est exposé à se tromper
« à ses propres dépens. Ce reproche, on

« peut le faire également aux Girondins qui
« croyaient trouver toutes les ressources dans
« leurs talens et la bonté de leur cause, tandis
« que, dans le genre de combats entre les deux
« partis de la Convention, il ne fallait, comme
« avec les ennemis du dehors pour vaincre, ni
« de belles phrases ni de belles raisons, mais
« beaucoup d'adresse et beaucoup de bras. » —
D'après Thiers, ce fut « une réponse solennelle
« et grande qui produisit sur l'assemblée une
« impression profonde. » — Lamartine y voit
« la fougue de la déclamation. » — Selon
Michelet, « Isnard avait commis une faute, une
« grande faute, il avait été maladroit et injuste.
« Paris était, en réalité, très favorable à la
« Convention. » — Louis Blanc exprime le
même avis dans les termes suivants : « Dans
« Paris, l'effet des menaces d'Isnard fut
« immense et désastreux. » Et, en effet, du
25 mai à la fatale journée du 2 juin, *la punition
du crime d'Isnard envers Paris* y fut le cri de
ralliement de tous les sectionnaires conjurés
contre les infortunés Girondins.

Les divers auteurs que je viens de citer ne
rapportent pas, d'ailleurs, la fameuse phrase,
exactement dans les mêmes termes ; pour
couper court à toute équivoque, je transcris
ci-après le texte du *Moniteur Universel*. Le
lecteur aura ainsi sous les yeux la reproduc-
tion fidèle de cette scène mémorable.

Le Président. — La Convention qui a fait une
déclaration des droits de l'homme, ne souffrira
pas qu'un citoyen reste dans les fers, s'il n'est

pas coupable ; croyez que vous obtiendrez une prompte justice ; mais, écoutez les vérités que je vais vous dire. La France a mis dans Paris le dépôt de la représentation nationale ; il faut que Paris le respecte, il faut que les autorités constituées de Paris usent de tout leur pouvoir pour lui assurer le respect. Si jamais, par une de ces insurrections qui, depuis le 10 mars, se renouvellent sans cesse et dont les magistrats n'ont jamais averti la Convention... *(Il s'élève de violents murmures dans l'extrémité gauche. — Plusieurs voix de la partie gauche :* ce n'est pas là une réponse).

Fabre d'Eglantines. — Je demande la parole contre vous, Président.

Le Président. — Si par des insurrections toujours renaissantes, il arrivait qu'on portât atteinte à la représentation nationale, je vous le déclare, au nom de la France entière... *(Non, non, s'écrie-t-on dans l'extrémité gauche. — Le reste de l'Assemblée se lève simultanément, tous les Membres s'écrient :* oui, dites au nom de la France).

Le Président. — Je vous le déclare, au nom de la France entière, Paris serait anéanti... *(De violentes rumeurs, partant de l'extrémité gauche couvrent la voix du Président. — Tous les Membres de la partie opposée :* Oui la France entière tirerait une vengeance éclatante de cet attentat).

Marat. — Descendez du fauteuil, président, vous jouez le rôle d'un trembleur... vous déshonorez l'Assemblée, vous protégez les hommes d'Etat.

Le Président. — Bientôt, on chercherait sur les rives de la Seine si Paris a existé... *(Il s'élève des murmures dans la partie gauche. — On applaudit dans la partie opposée)*.

Danton, Dentzel, Drouet, Fabre d'Eglantines demandent la parole.

Le Président. — Le glaive de la loi, qui dégoutte encore du sang du tyran, est prêt à frapper la tête de quiconque oserait s'élever au dessus de la représentation nationale. *(On applaudit dans la partie droite)*.

Danton. — Président, je demande la parole sur votre réponse. *(On applaudit dans la partie gauche)*.

DIRECTOIRE DU DÉPARTEMENT. — L'an 1790 et le 5 juillet, l'assemblée générale des électeurs du Var se réunissait à Toulon pour désigner la ville dans laquelle siégerait le Directoire du département et pour nommer les membres de ce Directoire. *(V. Annexes IX)*. La discussion fut longue et passionnée : il fut question successivement de Toulon, Brignoles et Draguignan ; l'accord ne put se faire sur aucun de ces noms. Artaud de Grasse proposa, le premier, l'alternat entre les divers chefs-lieux de district. Ses compatriotes, Gazan et Roubaud soutinrent chaudement cette proposition. « La fixité du Directoire « dans une cité, disait le premier, serait des- « tructive de notre égalité politique. » Malgré ces efforts réunis, l'alternat ne fut pas adopté et, de guerre lasse, la réunion décida de remettre à l'Assemblée Nationale le soin de choisir la ville chef-lieu.

Après de nombreux scrutins, le Directoire départemental fut constitué comme il suit : Ch. François Debaux (de Saint-Maximin), Président ; Théod. Guérin (de Vence) avocat, Vice-Président ; P. Jacques Roubaud fils (de Grasse) avocat ; Ch. Maure (de Cagnes) ; Jean Aurran (d'Hyères) ; Jacques Bernard (d'Antibes) ; L. F. Clappiers (de Brignoles) ; L. J. J. Segond (de la Cadière) ; J. F. Gazan fils (de Grasse), avocat [1], Procureur-Général-Syndic ; J. F. Pèbre (de Toulon) Secrétaire-Général. Il s'installa à Toulon, en vertu du décret du 11 septembre 1790. On sait que, moins de deux ans après (le 28 juillet 1792), cinq de ses Membres : MM. Debaux, Guérin, Maure, Roubaud et Gazan étaient massacrés en pleine rue et en plein jour. Les choix qui furent faits pour remplacer ces malheures victimes ne contribuèrent pas peu à précipiter les évènements déplorables dont Toulon allait devenir le théâtre : création du Comité insurrectionnel dit *Comité général* (14 juillet 1793), proclamation de Louis XVII, sous la protection des amiraux anglais et espagnol, lesquels garantissent un emprunt municipal contre la remise des forts, des vaisseaux en rade, de l'arsenal et toutes dépendances, qui leur sont donnés *pour hypothèque de cet*

---

[1] Frère aîné du futur Général de division, Gazan comte de la Peyrière.

emprunt, suivant acte notarié du 24 septembre.
(*V. Annexes* X).

Je n'ai pas à insister davantage sur l'insurrection de Toulon qui, après avoir failli être rasé, devint *Le Port de la Montagne*, comme Marseille fut, un moment, *la Ville sans nom*. J'en ai dit un mot parceque c'est cette insurrection qui motiva la translation de l'administration départementale dans notre ville. [1] L'arrêté qui prescrivit cette mesure fut pris à Nice, le 26 juillet 1793, par les Représentants du Peuple, Barras et Fréron, en mission à l'armée d'Italie : il y était dit que l'administration du département n'était plus libre à Toulon où « un pré- « tendu commité central réprouvé par la loi, « enchaînait toutes les délibérations. » Les administrateurs étaient mis en demeure de se rendre, dans trois jours, à leur nouveau poste, sous peine d'être privés de leurs traitements et dénoncés à la Convention. Aux premiers jours d'août, ils s'installèrent dans « la maison natio- « nale dépendant de l'émigré Pontevès » (boulevard du Jeu de Ballon n° 2). — A dix-sept ans de là, sur le seuil de cette même maison, tous les fonctionnaires de la ville souhaitaient respectueusement la bienvenue à la belle princesse Pauline, sœur de Sa Majesté l'Empereur et Roi, qui venait chercher sous notre ciel le rétablissement de sa santé.

En l'an III, le citoyen Aubert était le Prési-

(1) La loi du 19 vendémiaire an IV transporta le siège de l'Administration départementale à Brignoles. Il fut transféré à Draguignan, en exécution de la loi du 3 floréal an V.

dent du directoire du département dont Chabert était le secrétaire-général et Pierrugues, le Procureur-général-syndic.

DIRECTOIRE DU DISTRICT. — Cette administration tenait ses séances à l'hôtel de ville, d'où la rue *Mougins - Roquefort* s'appelait, à cette époque, la *rue du District*. En l'an II, on y voit les citoyens Reverdit, Giraud, Euzière, Bernard, Consolat, Cevoule et P. Girard cadet *agent-national*. [1] En l'an III, on y remarquait les citoyens Vidal président, Sauvaire vice-président, · Roubaud-Antelmy receveur, et encore l'agent-natio1al P. Girard cadet dit *la barbette*, ancien Maire, ancien Procureur-syndic du district, l'un des personnages les plus considérables et des fonctionnaires les plus redoutables de l'époque. *(V. Annexes* XI). Les lettres de lui abondent dans les archives de l'Hôtel de Ville. Je vais en donner quelques-unes qui feront connaitre exactement l'homme et l'Agent-national. Je conserve l'orthographe des originaux.

2 mars 1793.

Le Procureur-Syndic du district de Grasse au citoyen Procureur-Syndic de la Commune de Grasse.

« La loi nous a placé, citoyen, vous et moi,
« pour veiller à ce que tous les signes de la
« Royauté et de la féodalité disparaissent de sur

---

[1] En exécution de la loi du 14 frimaire an II, ce titre avait remplacé celui de *Procureur-Syndic*.

« la terre de la République ; a ce que tout ce qui
« rappelle l'idée de notre dernier tyran fut
« anéanti ; Le Pouvoir exécutif provisoire nous
« écrit de faire les recherches les plus rigou-
« reuses sur tous ces objets ; vous avez reçu la
« loi et la copie de ses lettres. Cependant vous
« souffres que chaque samedy a quatre heures
« du soir une cloche à son précipité annonce
« aux citoyens la prière du ci-devant Roy. Je
« vous prie et vous requiers de faire-cesser un
« usage qui souleve le cœur de tout vrai répu-
« blicain. »

Signé P. GIRARD cad^t P. S.

29 pluviose an II. — L'Agent-national du district écrit à l'agent-national de la Commune
pour lui annoncer que « le 1er ventose, il instal-
« lera les autorités constituées déjà épurées. »
Cette opération a lieu, le jour indiqué, et il en
est dressé le procès-verbal suivant.

1er Ventose an II.

« Le Citoyen Pierre Girard cadet agent natio-
« nal du district, Commissaire délégué par les
« Représentants du peuple près les départe-
« ments méridionaux, s'est rendu dans la salle
« du Conseil général de la Commune, où étant
« il a requis la lecture de l'arrêté epuratif en
« datte du susdit jour, 28 pluviose, des auto-
« rités constituées. Il a été fait l'appel des
« membres qui composent la Municipalité et le
« Conseil général de la Commune dans l'ordre
« suivant :

« Agents nationaux de la Commune : Maxi-
« min Roubaud, Henri Guidal substitut.

« Officiers municipaux : Marc Henri Cresp
« Maire, Courmes-Chautard, Honoré Templier,
« Clérique marchand, Aubin fils, Guillaume
« Comte, Tardieu cordonnier, Cavalier médecin,
« Fargeon parfumeur, Antoine Escoffier, Nico-
« las droguiste, Pierre Joseph Amic.

Suit la liste des Notables, au nombre de 24,
composant le Conseil général de la Commune ;
puis, « secrétaire greffier : L. Artaud.

« Tous prétent individuellement le serment
« de deffendre la liberté et l'égalité, la Répu-
« blique une et indivisible, d'exercer avec zèle
« et courage les fontions qui lui sont confiées
« et de mourir, s'il le faut, à leur poste.

« *Tribunal de Commerce*

« Maximin Isnard président, Joseph Amic,
« Honoré Roubaud, Honoré Maubert père, Jean
« François Bounin juges, Isnard fils greffier.

« *Le tribunal de Paix de la Section du Midi*

« Honoré Courmes Juge de Paix » — Ses six
assesseurs et son secrétaire-greffier.

« *Le tribunal de Paix de la Section du Nord*

« Jacques Rey, juge de Paix »[1] — Ses six assesseurs et son secrétaire-greffier.

« *Le tribunal civil du District*

« François Gasq (Président intérimaire à la
« place du titulaire J. J. Mougins de Roquefort),

---

(1) Démissionnaire pour raison de santé et remplacé, le
4 fructidor an II, par Maximin Guidal fils ainé, un de ses
assesseurs.

« Jacques Roubaud, Pierre Gérard,[1] Etienne
« Spitalier , Jean Antoine Euzière — Leurs
« quatre suppléants — Laugier, de Grasse,
« Commissaire national — Peillon ainé secré-
« taire.

« Le Conseil général de la Commune a prêté,
« au nom du Peuple, le serment de faire res-
« pecter les juges et les jugements qui émanent
« du tribunal. »

Quand le Président, Mougins de Roquefort,
remonta sur son siège, ainsi qu'on l'a vu plus
haut, les fonctions du ministère public près le
tribunal du district étaient remplies par le
citoyen Debézieux.

9 germinal an II.

*« L'agent national près le District aux
agents nationaux près les communes,*

LETTRE CIRCULAIRE

« Je t'adresse, citoyens, un exemplaire de la
« loi du 16 ventose qui ordonne la remise dans
« les dépôts de tous les sabres de trente pouces
« de lame et au-dessus, je te requiers de faire
« ramasser ses armes pour armer ces généreux
« défenseurs de la Patrie, qui n'attendent plus
« quelles pour aller exterminer les supots des
« tyrans. »

Signé P. GIRARD cadet ag^t n^{al}.

(1) Remplacé aprés décès par le citoyen Debézieux —
Arrêté pris à Nice, le 11 germinal an II, par les Repré-
sentants du peuple en mission, Robespierre jeune et
Ricord.

18 floréal an II.

« L'agent national près le district
à l'agent national près la Commune.

« L'article 10 de la loi établit des peines contre
« ceux qui violeront la loi du maximum. (1)
« Médite bien les articles suivants. Rappelle-toi
« bien que notre gouvernement est révolution-
« naire et que la violation des délais prescrits
« par la loi est punie comme un attentat à la
« liberté.

Du même au même :

« LIBERTÉ — ÉGALITÉ

Grasse, le 24 thermidor an II de la République
une et indivisible.

« J'adresse à ta Commune deux états impri-
« més à remplir sur le produit de la nouvelle
« récolte. De la confection de ces états dépend
« la subsistance de tes administrés. Je te
« requiers sous ta responsabilité personnelle
« de ne pas perdre un instant pour le faire
« dresser et si la municipalité s'y refusait fais-

(1) Le maximum fixé au prix du pain par la loi du 17 août
fut étendu au prix des autres objets « de nécessité » par la
loi du 29 septembre. Parmi ces objets innombrables, j'ai
relevé les suivants, sur les états dressés à ce sujet : œufs
(la douzaine) 15 sols — poule 1 l. 15 s. — poulets (la paire)
1 l. 15 s. — dindon 4 l. 10 s. — lièvre 5 l. — lapin 2 l. 5 s. —
perdrix et bécasse 1 l. 5 s. — grives 5 s. — petits oiseaux
(la douzaine) 1 l. — mouton (la livre) 9 s. — bœuf, menon,
brebis 8 s. — agneau et chevreau 12 s. — raisin (le quintal)
7 l. — vin du district (le pot soit 1 litre et 1/3) 7 s. — fro-
mage du district 10 s. — Sucre en pain 1 l. 4 s. — beurre
(la livre) 1 l.

« moi en part pour qu⊃ j'appelle sur la tête des
« officiers municipaux négligents le glaive
« vengeur des lois. »

Signé P. GIRARD cadet ag^t n^al.[1]

La guillotine à propos d'un imprimé à remplir ! Nous n'en sommes plus heureusement à ce genre de lettres de rappel. — Comme on le voit, le directoire du district n'était pas tendre pour les officiers municipaux ; on peut encore en juger par la lettre suivante : « tous les jours
« nos braves frères d'armes qu'un destin rigou-
« reux vient enlever à la patrie sont abandonnés
« sur la place du Puy où ils restent quelquefois
« des heures entières, par la faute des préposés
« de la municipalité chargés de l'honorable
« emploi de porter au cercueil ces victimes.
« Quand quelques-uns d'eux laisse en mourant
« de quoi payer ces hommes avides, on les voit
« accourir et remplir exactement leur devoir ;
« mais, si le mort a perdu, avec son sang, sa
« bourse, il est impitoyablement abandonné. »

MUNICIPALITÉ. — On a lu, plus haut, la liste des membres qui composaient le Corps municipal de notre ville, en l'an II. A côté du Maire, il convient de mettre à leur tète, le Procureur-Syndic (plus tard l'Agent national), qui était

---

(1) La loi précitée du 17 août 1793 ordonnait qu'il serait fait un recensement général des grains de la dernière récolte, que toute fausse déclaration serait punie de 10 années de fers et de la confiscation des grains, dont un quart au dénonciateur, et que tous ces grains seraient à la réquisition des Représentants pour le service des armées, etc.

dans l'assemblée le représentant de la loi et du Pouvoir exécutif, sous l'autorité de l'Agent national près le directoire du district et de l'Agent national général près le directoire du département. Sous sa direction, la Municipalité s'occupe des affaires qui s'imposaient alors : subsistances, réquisitions, armement et mobilisation des citoyens, hôpitaux militaires, délivrance des certificats de civisme, suspects et émigrés (*V. Annexes XII*), déserteurs et insoumis, fêtes civiques. Les archives communales renferment une foule de documents relatifs à ces divers objets qui absorbaient alors les soins de l'Autorité. Je vais en citer quelquesuns qui me semblent de nature à intéresser le lecteur.

A la date du 11 juillet 1793, « le Conseil municipal en surveillance permanente » décide que le prix du pain sera porté à 7 sols 1/2, la livre, et que le blé livré par la Commune aux boulangers, pour la fabrication du pain, sera fixé à 117 livres 10 sols la charge. Le 13 du même mois, il ordonne que le pain sera vendu sur la place aux Aires, depuis 5 heures du matin jusqu'à 8 heures du soir, sous peine de 300 livres d'amende[1]. — En même temps, comme on l'a dit plus haut, des distributions gratuites de pain avaient lieu, tous les matins, en faveur

---

(1) « Les boulangers ne devaient faire qu'une seule et « bonne espèce de pain, *le pain de l'Egalité* » (Louis Blanc). Le 17e jour de Brumaire an II la vente publique du pain fut transférée dans l'église des ci-devant Religieuses à Tracastel, à cause de la rigueur de la saison.

des indigents, à l'ancien Capiscolat et à l'Oratoire, sous la surveillance des commissaires du club des Sans-culottes. Le 20 du même mois de juillet, la viande de mouton est tarifée à 20 sols la livre, et celle de menon, à 15 sols.

Nonobstant cette disette, la Commune avait à faire l'avance des approvisionnements exigés, pour le service des étapes auquel le voisinage de l'armée du Var donnait une importance considérable. Elle était hors d'état d'y pourvoir, et le Conseil municipal, à bout de ressources, tenta une démarche désespérée auprès des Représentants du peuple délégués à l'armée. « Nous vous conjurons, leur mande-t-il, pour « le salut d'une Commune incorruptible, de lui « accorder, à titre d'avance, 400,000 livres rem- « boursables après le paiement des états[1] et le « résultat de l'emprunt. ». Cette supplique reçût l'accueil auquel on devait s'attendre : les Représentants du peuple lui répondirent en ordonnant à tous ceux, qui avaient du blé au delà de leurs besoins pour trois mois[2], de le verser dans les greniers de leur Commune respective. Les visites domiciliaires aidant, et le paiement du blé ainsi versé étant ajourné indéfiniment, le moyen n'était pas mal trouvé. Rien ne manquait pour le mettre en pratique, si ce n'est le

(1) Il s'agissait sans doute des états des fournitures avancées par la Commune.

(2) Le décret du 3 mai 1793 autorisait les particuliers, ne faisant pas le commerce des grains, à acheter du blé pour leur consommation d'un mois. Il ajoutait : « Pour ceux qui seraient convaincus d'avoir méchamment et à dessein gâté ou enfoui farines ou grains, la mort. »

blé qui faisait complètement défaut, par suite des mauvaises récoltes. Les citoyens Représentants avaient négligé ce détail..... Le Conseil général de la Commune se vit donc contraint d'aviser à se créer des ressources extraordinaires. Le 11 Prairial an III, il vota un emprunt de 1,500,000 francs pour achat de blé et, le 1er thermidor suivant, il adressa aux habitants, un pressant appel. Il leur disait notamment :
« L'approvisionnement ne peut se renouveler ni
« des blés de l'étranger, faute de numéraire, ni
« dans notre voisinage, cause des prétentions
« des vendeurs qui déchirent nos entrailles.
« Grace au ciel, le ci-devant Languedoc où la
« récolte est très bonne offre une perspective
« consolante, mais maintenant plus que jamais,
« les commissionnaires ne font aucun achat,
« s'ils n'ont les mains garnies. »

En même temps, la Municipalité crut devoir adresser une supplique à la Convention nationale. Je la donne tout au long, car elle m'a paru pleine de détails intéressants sur la crise lamentable que notre ville traversait.

« *Citoyens Représentants,*

« Organes d'une Commune toujours incorrup-
« tible au milieu des orages politiques qui ont
« désolé le Midi, nous osons réclamer les se-
« cours de la Nation avec la confiance que les
« enfants ont à leur père.

« Notre territoire ombragé par les oliviers ne
« nous fournit du bled que pour deux mois
« dans les meilleures récoltes. Celle qui se per-
« çoit actuellement est très médiocre.

« Le produit des huiles et plusieurs branches
« de commerce suppléoient à notre subsistance.

« Mais, le commerce est dans une stagnation
« profonde et les deux dernières récoltes d'oli-
« ves ont été des plus mauvaises.

« Par surcroit, la plus grande partie de nos
« huiles nous a été enlevée au prix ruineux du
« maximum sous le fatal régime des réquisi-
« tions [1].

« Les bons citoyens ont fait des efforts prodi-
« gieux en assignats, et en numéraire pour sou-
« tenir le pain à des prix modérés et ces efforts
« profitaient en même temps à un grand nom-
« bre d'individus que le département, le district,
« les tribunaux civil et criminel, le voisinage
« de l'armée d'Italie et les hospices militaires
« assistaient en cette Commune.

« C'est ainsi, Citoyens Représentants, qu'elle
« s'est soutenue jusqu'au temps présent où le
« mal est à son comble.

« L'Etranger s'obstine à ne fournir de bled
« que contre des espèces sonnantes presque
« totalement épuisées, ou il n'apprécie le papier-
« monnoye, que 2 à 3 pour cent.

« Déjà le prix du pain est porté à 6 francs la
« livre poids de table, moins fort d'un sixième
« que le poids de marc. Chaque individu n'en a
« journellement que 12 onces dans un climat
« dévorant, et, si les prétentions allarmantes

---

(1) Le maximum avait été supprimé, an mois de décembre
1794. Depuis lors, le gouvernement n'avait plus fait aucune
avance de blé à la Commune. C'est à ce moment qu'une
course en fiacre, a Paris, atteignait le prix de 600 livres en
assignats (Louis Blanc).

« des marchands de grains se réalisent, le prix
« du pain sera plus désespérant.

« Pour renouveler l'approvisionnement, la
« Commune a ouvert depuis plus de deux mois
« un emprunt de 1,500,000 livres qu'il est impos-
« sible de remplir.

« Citoyens Représentants, une situation si
« cruelle déchire nos entrailles ; la consterna-
« tion devient générale ; les murmures en sont
« la suite facheuse et l'on va malheureusement
« jusqu'à regretter le règne des décemvirs, dont
« l'affreuse politique ruinait la nation, par le
« bas prix du pain.

« Pères de la Patrie, nous mettons à vos pieds
« un grand nombre d'indigents qui s'est accru
« par le remboursement des rentes perpétuelles.
« Les larmes aux yeux, nous vous conjurons
« de fournir à cette Commune, en état de siège[1],
« et dont la population s'élève à 12,000 indivi-
« dus[2] ou des grains en nature à un prix
« modéré ou une somme qui lui permette de
« s'en procurer.

« Cet acte de votre bienfaisance paternelle
« répandra la joie dans tous les cœurs et nous
« ne cesserons jamais de publier vos bienfaits
« et vos vertus. »

Hélas ! notre malheureux Conseil général
n'eut à publier ni les uns ni les autres: il en fut
pour ses éloquentes lamentations et il en vint
à l'emprunt forcé, en demandant aux Représentants du peuple en mission près l'armée d'Italie

(1) Voir plus loin.
(2) Exactement 13,740 pour la ville et son territoire.

l'autorisation de « lever par forme de subside « sur les citoyens aisés de la Commune qui « n'ont point concouru à l'emprunt volontaire, « le complément de ce qui manque au dit em- « prunt. »

« Le fatal régime des réquisitions », ainsi que l'exposait le Conseil général, avait puissamment contribué à cette détresse épouvantable. On le comprendra sans peine, en jetant les yeux sur les quelques documents reproduits ci-après :

« Grasse le 1er mars 1793, l'an II de la République.

« Les Administrateurs du district de Grasse aux corps municipaux, judiciaires, ecclésias- tiques et Sociétés des amis de la liberté et de l'égalité du district de Grasse.

« Dans le moment, Citoyens, où tous les « Corps administratifs, municipaux et judi- « ciaires, où toutes les Sociétés des amis de la « République française apportent à l'envi, sur « l'autel de la Patrie, des dons en chemises, « bas, souliers, habits et capotes pour nos « Frères d'armes qu'une campagne longue et « faite dans une saison rigoureuse a réduits « dans un dénûment absolu, serons-nous les « seuls à ne leur rien offrir ? Non, un pareil « déshonneur n'est pas réservé à nos admi- « nistrés. Il nous suffira de leur faire connaître « le besoin de nos généreux défenseurs pour « voir ceux qui nous ont honoré de leur con- « fiance s'empresser d'apporter, chacun suivant « ses facultés, son offrande patriotique que « nous joindrons à la notre qui est prête, pour

« ne faire du tout, qu'un seul et même don à
« l'armée d'Italie ; à cette armée qui est pour
« nos personnes et nos propriétés un rempart
« imprenable, à cette armée dont les individus
« ont tant fait de sacrifices pour notre com-
« mune patrie et qui ne cessent de nous répéter:
« fournissez-nous de quoi nous garantir des
« élémens, et, jaloux d'imiter les Lacédémo-
« niens qui moururent si glorieusement en
« défendant les thermopyles, nous jurons sur
« nos armes que les suppôts des tyrans ne
« souilleront la terre de la Liberté qu'après
« nous avoir tous exterminés et en marchant
« sur nos cadavres.

« Quel est le cœur assez dur, l'homme assez
« égoïste pour ne pas sacrifier un peu de
« superflu afin de conserver de si intrépides
« défenseurs ! S'il en est, qu'ils abandonnent la
« terre de la Liberté et aillent grossir la horde
« de nos ennemis. Ceux qui resteront, par leurs
« sacrifices, sauront subvenir à tout. »

Signé GIRAUDY, V. P. REVERDIT, SAUVAIRE,
P. GIRARD, P. S. CHABERT secrétaire.

« *Nota.* — Nous ferons imprimer la liste de
« ceux qui feront des offrandes à la Patrie et
« nous l'enverrons à la Convention nationale. »

L'Administration, on le voit, se mettait en
frais de style ; mais, la Convention la dispensa
bientôt de ce soin. Elle eut recours à un moyen
beaucoup plus persuasif, en décrétant, le
25 août 1793, « la réquisition permanente. » Le
ton des Autorités changea aussitôt, comme le
prouve la circulaire suivante, du 20 brumaire

an II, signée par les citoyens Aubert président du Département et P. Girard cadet Procureur-Syndic du district.

« Rappelés à vos administrés, disent-ils, « qu'ils sont en réquisition permanente, que, « s'ils refusent d'obéir, ils se rendent suspects « et doivent être traités comme tel. Prompte « exécution. Salut. » C'était court et concluant.

Les administrés en question devaient savoir ce qui en était des réquisitions, sans qu'on prit la peine de le leur rappeler : le décret de la Convention était rédigé en termes tels qu'il leur eût été difficile, ce semble, de l'oublier. « Dès « ce moment, jusqu'à celui où les ennemis « auront été chassés du territoire, tous les « Français sont en réquisition permanente, « pour le service des armées.

« Les jeunes gens iront au combat, les « hommes mariés forgeront des armes et « transporteront des subsistances ; les femmes « feront des tentes, des habits et serviront dans « les hôpitaux ; les enfants mettront les vieux « habits en charpie ; les vieillards se feront « porter sur les places publiques pour exciter « les guerriers, prêcher la haine des rois et « l'unité de la République.

« Les maisons seront converties en casernes, « les places publiques en ateliers d'armes ; le « sol des caves sera lessivé pour fournir le « salpêtre.

« Les armes de calibre seront exclusivement « confiées à ceux qui marcheront à l'ennemi ;

« le service de l'intérieur se fera avec les fusils
« de chasse et l'arme blanche.

« Les chevaux de selle seront requis pour
« compléter les corps de cavalerie ; les che-
« vaux de trait, autres que ceux employés à
« l'agriculture, conduiront l'artillerie et les
« vivres.

« Nul ne pourra se faire remplacer. Les fonc-
« tionnaires publics resteront à leur poste.

« La levée sera générale ; les citoyens non
« mariés ou veufs sans enfants, de dix-huit à
« vingt-cinq ans, marcheront les premiers. Ils
« se rendront sans délai au chef-lieu de leur
« district, où ils s'exerceront, tous les jours, au
« maniement des armes, en attendant l'ordre
« du départ. Le bataillon organisé dans chaque
« district sera réuni sous une bannière portant
« cette inscription : *Le Peuple français debout*
« *contre les tyrans !* »

En vertu d'une pareille législation, on demandait, tous les jours, aux citoyens quelque
fourniture nouvelle, sans jamais parvenir à
satisfaire les exigences des Généraux de l'armée d'Italie. C'était tantôt du blé, de l'avoine
ou du fourrage, tantôt de l'huile et du savon,
puis des bas, des souliers, des chemises ; d'autres fois, des chevaux, des mulets ou des
charrettes, et enfin les réquisitionnés eux-mêmes, comme appelables ou comme gardes-na-
tionaux mobilisés.

La Garde nationale de notre ville (*la milice
bourgeoise* de 1789) formait deux bataillons.
Elle s'était montrée, pour la première fois, à la

grande fête de la Fédération qui fut célébrée dans les plaines de Châteauneuf, le 20 juin 1790. On sait comment « par la jalousie des Antibois « contre les Grassois, l'autel où l'on venait de « sceler un pacte de fraternité, fut sur le point « d'être souillé par le sang des François, la « terre couverte par des bataillons d'amis faillit « devenir un champ de bataille.......... » Ainsi conclut le rapport officiel dressé par Maximin Roubaud, Procureur-Syndic de la Commune de Grasse. La relation déposée aux archives de la mairie d'Antibes impute naturellement tous les torts aux Grassois ; il y est dit : « L'orgueil et « l'esprit de domination de la Garde nationale « de Grasse ont failli changer ce jour solennel « de paix, d'union et de joie en scène d'horreur « et de carnage. » Suivent les signatures parmi lesquelles celles de deux futurs Maréchaux de France : Reille et Masséna. Ce dernier, alors capitaine-instructeur de la Garde nationale d'Antibes, avait failli périr dans la bagarre, d'un coup de sabre que lui avait porté le citoyen Courmes perruquier à Grasse.

En 1792, le Directoire du district avait eu recours, plus d'une fois, à notre garde nationale pour le maintien ou le rétablissement de l'ordre. C'est ainsi que, le 10 avril, elle protégea, contre une bande exaltée, la maison Théas et le couvent des Visitandines signalés à tort comme servant d'asile à des prêtres non assermentés.

Le 1er mai, un membre du District, Laurent Sassy, de Séranon, conduisit un détachement à

Gars, pour apaiser une émeute dirigée contre un nommé Jean Salamite, ancien homme d'affaires de seigneurs émigrés.

Le 12 du même mois, un autre détachement se rendit au Bar, pour ramener à l'ordre des émeutiers qui, après avoir saccagé le château seigneurial, avaient tenté de l'incendier.

Nos bataillons de gardes nationaux ne manquaient pas, d'ailleurs, de figurer aux fêtes civiques dont ils formaient le plus bel ornement ; mais, dès le début des hostilités sur la frontière, ils eurent autre chose à faire qu'à parader autour de l'autel de la Patrie. Bien des fois, ils durent fournir des détachements, sur la réquisition des Généraux de « l'armée « des Alpes et du Midi » ou des Représentants du peuple délégués près de cette armée. C'est ainsi que, le 15 juin 1793, ces derniers requirent, de la municipalité de Grasse, « deux com- « pagnies, à relever tous les 15 jours, pour la « garde et la sureté de la Place de Nice. » Deux jours après, une réquisition du général Montredon, délivrée au nom du Commandant en chef, réclamait 520 gardes nationaux, du district de Grasse, « pour la garde d'Antibes et les « batteries de la côte. » Ce contingent représentait le dixième de l'effectif total ; Grasse y contribuait, à elle seule, pour 114 hommes. — L'armée du Var en était alors à son troisième Commandant en chef, le Général Brunet, qui ne devait pas être plus heureux que ses prédécesseurs. Le premier, d'Anselme, (malgré la très haute et très affectueuse protection de la

Société populaire de Plascassier !), avait été mandé à la barre de la Convention et jeté dans un cachot d'où il ne sortit qu'au 9 thermidor. Le second, Biron, était monté sur l'échafaud ; Brunet allait bientôt subir le même sort et être remplacé par Dugommier qui, à la suite de ses heureux combats d'Utelle, fut appelé au siège de Toulon. C'était le moment où *les Barbets* infestaient la frontière et répandaient l'épouvante dans tout le pays. Pour se prémunir contre une irruption de ces *brigands piémontais*, le Conseil Général de Grasse arrêta les dispositions suivantes, à la date du 29 juillet 1793 : « Les portes dites de la Limasse (porte « Aiguière), de St-Michel et des Fénéants seront « bouchées à chaux et à sable ; la rampe de « celle de la Limasse sera abattue jusques au « sol et celles dites de la Roque, de la Porte « neuve, de la Foux (du Thouron) et du Cours « seront fermées par des portes de bois. » A quelques jours de là, par un ordre daté de Nice, le 4 septembre 1793, le Général Dumerbion, le nouveau Commandant en chef de l'armée d'Italie, prescrivait « au citoyen Sanglier com- « mandant le fort Carré d'Antibes, d'en partir « sur le champ et de se rendre à Grasse pour « prendre le commandement (provisoire) de « cette Place. »

Le 21 du même mois, Maximin Roubaud, Procureur-Syndic de la Commune, requérait « la Municipalité de faire rassembler tout de « suite touts les jeunes citoyens de la ville et de « son terroir, depuis dix-huit ans jusques à

« vingt-cinq, non mariés ou veufs sans enfants,
« pour marcher sur le champ à la deffense de
« la Liberté. Le tout, en conformité de l'arrêté
« des Représèntants du peuple d'ujourd'hier. »

Ces Représentants, Barras et Fréron, appelaient en même temps l'attention du Procureur-Syndic sur une autre partie de son service. « Nous sommes instruits, citoyens, lui
« mandent-ils, que des armoiries et autres
« emblemes de la féodalité et de la royauté
« existent encore sur les portes et murs des
« églises et autres édiffices publics. Nous vous
« rappelons à cet égard la loi qui ordonne de
« les faire disparoître, et nous vous requerons
« de faire procéder sur le champ a son exécu-
« tion. »

« Grasse le 17 août 1793, l'an II de la République
françoise.

Signé: Paul BARRAS, FRÉRON.

(Voir Annexes XII).

Le voisinage de l'armée d'Italie avait valu, en outre, à notre ville la création de deux hôpitaux militaires dont il a été parlé plus haut, et dans lesquels le typhus faisait de tels ravages qu'il avait fallu leur annexer, à titre d'ambulance, « l'ancienne maison de l'hôpital de la Charité » (sur le Cours) et affecter à chacun d'eux un cimetière spécial.

Au milieu de ces graves préoccupations et de ces dangers, l'Administration ne devait pas négliger les fêtes civiques qui, par leur nombre et leur caractère, avaient pris une importance toute particulière *(V. Annexes XIV)*. Elles se succédaient presque sans interruption dans le calendrier républicain : « le grand anniversaire de la proclamation de la République », 1er vendémiaire (premier jour de l'ère nouvelle) ; « l'anniversaire de la juste punition du dernier roy des François », 20 pluviose ; la fête de la souveraineté du peuple, 30 ventose ; celle de la jeunesse, 10 germinal ; des Epoux, 10 floréal ; de la Reconnaissance, 11 prairial ; de l'Agriculture, 10 messidor ; de la Liberté, 10 thermidor ; l'anniversaire du 10 août, 23 thermidor ; la fête des vieillards, 10 fructidor. Aux « sans-culotides » (les cinq jours complémentaires de l'année républicaine), on célébrait les fêtes de la Vertu, du Génie, du Travail, de l'Opinion et des Récompenses, auxquelles s'ajoutait la fête de la Franciade, ou « le jour de la Révolution », dans les années bissextiles. — L'instituteur Piat, dans son syllabaire, mettait, dans la bouche d'un enfant, cette savante définition des *sans-culotides :* « C'est le nom le plus analogue « au rassemblement des diverses portions du « peuple français, qui viendront de toutes les « parties de la République célébrer, à cette « époque, la liberté et l'égalité (H. Wallon).[1]

En dehors de ces fêtes périodiques, il convient de mentionner celles qui, Dieu merci, se renouvelèrent assez souvent, pour célébrer les succès de nos armes, depuis l'entrée du Général d'Anselme à Nice (29 septembre 1792) jusqu'à la

---

[1] Dans le même syllabaire, on trouvait la demande et la réponse ci-après : « Qui es-tu ? » — « Homme libre et pensant, né pour haïr les rois. »

reddition de *l'infâme Toulon* (18 décembre 1793). Ce grand évènement donna lieu à une manifestation éclatante au sujet de laquelle le Conseil de la Commune prit des dispositions qui ne manquent pas d'intérêt : « Il sera payé « aux marguilliers du culte le prix de la « diminution des flambeaux qu'ils avaient « fourni à la Municipalité pour le feu de joie « qui eut lieu à l'occasion de la mémorable « nouvelle de la prise de Toulon par les troupes « de la République. Arrette en outre que la « Municipalité gardera provisoirement les « cheses que les marguilliers lui avaient prê- « tées, jusques à ce que elle trouve des ouvriers « qui puissent en fabriquer. » — 14 nivose an II.

Toutes ces solennités, y compris les fêtes des Décadis, se célébraient dans la ci-devant église de l'Oratoire, qui était devenue « le temple décadaire » (le jour), en même temps que « le temple de la Liberté » (le soir). Les autorités constituées s'y rendaient en cortège, escortées des deux bataillons de la garde nationale et de la gendarmerie. — Le Général d'Anselme ne manquait jamais de se joindre à elles, pendant tout le temps de son séjour à Grasse. — On y débitait des discours de circonstance, on y chantait des hymnes patriotiques et la musique se faisait entendre. Du temple décadaire , le cortège officiel se rendait à l'autel de la Patrie, élevé sur le Cours, où se déroulait le même programme : des réjouissances populaires, tel- les que « le jeu du coq, » bals et « farandoules » terminaient la journée. Quelquefois, on clôturait la fête par « la prise de la Bastille » représentée par une construction en bois derrière laquelle les « boettes » municipales tonnaient pour simuler le canon de la célèbre forteresse. Le peuple entier, le Maire en tête, se précipitait à l'assaut.

L'autel de la Patrie, dont nous venons de parler, fut l'objet d'un véritable sacrilège, en germinal III : des placards séditieux y furent apposés. Le Représentant du peuple, Beffroy, en mission à Nice, accourut aussitôt et mit la ville en état de siège (22 germinal). Le citoyen Langlois fut nommé commandant de la Place ; plusieurs terroristes furent incarcérés, parmi lesquels les coryphées de l'ancien club de l'Oratoire.[1] L'état de siège fut levé, le 11 fructidor an III, par le Représentant du peuple, Durand-Maillane.

L'arbre de la Liberté, l'ancien *arbre de Mai* devenu le compagnon ordinaire de l'autel de la Patrie, ne fut pas plus épargné. A quelque temps de là, « ce symbole de la régénération « civile du peuple françois, cette image de son « bonheur » fut l'objet d'un cruel outrage : « des mains criminelles » l'abattirent, dans la nuit du 2 au 3 germinal an V. Dès le surlendemain, son remplaçant était planté sur la Place du Petit-Puy « avec toute la solennité « possible, en présence des administrateurs « municipaux revêtus de leurs écharpes, au

(1) L'abbé Tisserand en donne la liste — *Histoire de la Révolution française dans les Alpes-Maritimes*, p. 271.

« bruit des trompettes et des tambours. » Ce nouvel arbre de la Liberté était devenu tout simplement *l'orme du Puy* ; plus heureux que son symbolique devancier, il est mort de mort naturelle, presque nonagénaire, en nous laissant le souvenir reconnaissant de la belle ombre dont il nous gratifiait.

La Municipalité, dont nous avons donné plus haut la composition, avait subi diverses modifications, pendant la période que nous venons de parcourir. Le 21 nivose an II, « le Conseil municipal en surveillance permanente », en exécution de la loi du 14 frimaire, avait convoqué « les citoyens composant la Commune, « pour le 23 de ce mois, à 9 heures du matin, à « l'effet d'être procédé à l'épurement du Procu- « reur et substitut de la Commune supprimés « pour l'exercice des fontions d'agent national « et substitut de la Commune : l'arrondisse- « ment des Cordeliers, dans la cy-devant Mai- « son-Commune au Grand-Puy, l'arrondisse- « ment de l'Oratoire, à la ci-devant église du « même nom et ceux de l'arrondissement des « Jacobins (Dominicains) à la ci-devant église.

« Maximin Roubaud, Procureur de la Com- « mune supprimé, a été élu aux fonctions « d'agent national près la Commune et le ci- « toyen Henri Guidal, Procureur-substitut sup- « primé a été élu aux fonctions d'agent natio- « nal-substitut près la Commune. »

Le Maire, Marc-Henri Cresp, avait fait place, en l'an III, à Courmes-Chautard auquel succédèrent Court-Galimard et Antoine-Marie Court.

En exécution d'un arrêt pris à Brignoles, le 24 floréal an III, par le citoyen Guérin, Représentant du peuple en mission, il fut procédé à « l'épurement » de la municipalité nouvelle composée comme il suit :

Honoré-Marie-Antoine Court, *Maire.*

Officiers municipaux

Pierre Courmes-Mercurin ; Guillaume Comte ; Honoré Pugnaire ; Henry Merle ; Honoré Isnard, du Cours ; Léopold Levans ; Jean Court, parfumeur ; Etienne Bonnafons-Chaumont ; Antoine-Joseph Ferran cadet ; Bain fils ainé ; Jean Levens, fils d'Antoine.

Vingt-quatre notables composant le Conseil général de la Commune. Henri Guidal, agent-national près la Commune ; Jean-François Girard, fils de Pierre, son substitut.

Juge de paix de la section nord

Maximin Guidal avec ses six assesseurs et Jean Roustan, son secrétaire-greffier.

Juge de paix de la section du midi

Honoré Courmes avec ses six assesseurs et André Joannis, son secrétaire-greffier.

Tous, avant d'entrer en fonctions, prêtent le serment prescrit : « Je jure de maintenir l'unité « et l'indivisiblité de la République française, « la liberté et l'égalité et de mourir en la défen- « dant, comme aussi de remplir avec zèle et « courage les fonctions qui me sont déléguées. »

En terminant ce paragraphe, nous croyons devoir reproduire l'adresse que notre Corps municipal avait envoyée au Président de la Convention, le 6 vendémiaire an III.

« *Citoyen Président*

« La Commune de Grasse ne saurait se taire
« sur les calomnies qui ont été proférées contre
« elle, dans le sein de la Convention.

« Fréron, oui Fréron, dans la séance du
« 19 fructidor dernier, n'a pas craint d'avancer
« à la tribune *que le Curé de Grasse fesait*
« *faire amende honorable aux Citoyens de ce*
« *qu'ils avaient fait pour la Révolution, que*
« *les cloches sonaient partout dans le Midi,*
« *qu'elles y sonaient le tocsin de la contre-*
« *Révolution*. Il a ajouté *qu'à Grasse une*
« *citoyenne avait péri sous les coups des*
« *brigands, pour avoir refusé de rendre un*
« *domaine d'émigré qu'elle avait acquis.*

« Tous ces faits, Citoyen Président, sont
« marqués au coin de la plus insigne fausseté.
« Nous n'avons point de Curé à Grasse, donc
« il est impossible que le Curé puisse y former
« aucun complot ; il ne nous reste qu'une seule
« cloche : elle ne sonne jamais que pour
« annoncer au peuple la publication des lois
« et les victoires de la République.

« Tous les acquéreurs des domaines na-
« tionaux n'ont jamais cessé, un seul instant,
« de jouir paisiblement de leurs propriétés et
« nous vous attestons que jamais ils n'ont
« éprouvé aucun trouble. C'est conséquemment
« une supposition horrible de la part de Fréron,

« lorsqu'il a osé avancer que, dans notre Com-
« mune, *une citoyenne avait péri sous les coups*
« *des brigands, pour avoir refusé de rendre*
« *un domaine qu'elle avait acquis.*

« Citoyen Président, nous vous dénonçons
« Fréron, nous le dénonçons à la République
« entière.

« Nous vous demandons justice au nom de
« la Commune de Grasse, et nous nous sou-
« mettons nous-mêmes à toute la rigueur des
« lois, si les faits avancés par Fréron ne sont
« pas contraires à toute vérité.

« Que Fréron monte à cette même tribune
« dans laquelle il nous a si cruellement calom-
« niés, qu'il rende justice à la Commune de
« Grasse qui n'a jamais dévié des principes de
« la Convention elle-même, ou plutôt que Fréron
« dévoile le scélérat qui a osé surprendre sa
« religion en lui peignant la Commune de
« Grasse sous des couleurs aussi perfides. Qu'il
« fasse connaître publiquement le monstre qui,
« dans son délire, voudrait tenter de faire revi-
« vre dans cette commune le sistème de terreur
« sous lequel elle a si longtems gémi par des
« opressions de tout genre. Le calomniateur
« ne peut être qu'un partisan de l'infâme Ro-
« bespierre et l'intérêt public exige qu'il soit
« connu.

« C'est à ce prix, Citoyen Président, que la
« Commune de Grasse s'empressera de rendre
« son estime à Fréron et qu'elle reconnaitra
« véritablement en lui l'orateur du peuple. »

Le tribunal révolutionnaire. — Il me reste à parler du plus formidable des agents de la Terreur : le tribunal révolutionnaire.

Le 10 mars 1793, la Convention nationale avait décrété l'établissement de ce tribunal « extraor-« dinaire sans appel et sans recours au tribunal « de cassation, pour le jugement de tous les « traitres, conspirateurs et contre-révolution-« naires. » Elle avait tracé son code dans quel-« ques lignes dont le vague donne le frisson : « Le tribunal révolutionnaire est institué pour « juger les ennemis du Peuple. La peine portée « contre les délits qui appartiennent à la con-« naissance du tribunal révolutionnaire est la « mort, dans les vingt-quatre heures. — La « preuve nécessaire pour condamner les enne-« mis du Peuple est toute espèce de documents, « soit matérielle, soit morale, soit verbale, soit « écrite qui peut naturellement obtenir l'assen-« timent de tout esprit juste et raisonnable. — « La règle des jugements est la conscience des « jurés éclairés par l'amour de la patrie ; leur « but, le triomphe de la République et la ruine « de ses ennemis ; la procédure, les moyens « simples que le bon sens indique pour parve-« nir à la connaissance de la vérité, dans les « formes que la loi détermine. — Le tribunal « sera composé d'un jury et de cinq juges qui « appliqueront la loi, après la déclaration des « jurés sur le fait. — Les juges ne pourront « rendre aucun jugement, s'ils ne sont au « moins trois. — Les juges seront nommés « par la Convention à la pluralité relative des

« suffrages, qui ne pourra néanmoins être infé-
« rieure au quart des voix *(V. Annexes XV)*.
« — Il y aura auprès du tribunal un accusateur
« public, et deux adjoints ou substituts, qui
« seront nommés par la Convention, comme les
« juges, et suivant le même mode. — Il sera
« nommé par la Convention douze citoyens, du
« département de Paris et des quatre dépar-
« tements qui l'environnent, lesquels rem-
« pliront les fonctions de jurés, et quatre sup-
« pléants pour les cas d'absence, récusation ou
« maladie. — Une commission de six membres,
« pris dans la Convention, sera chargée de faire
« l'examen et le rapport de toutes les pièces, de
« rédiger et de présenter les actes d'accusation.
« — Les accusés qui voudront récuser un ou
« plusieurs jurés seront tenus de proposer les
« causes de récusation par un seul et même
« acte ; le tribunal en jugera la validité dans
« les vingt-quatre heures. — Les jurés feront
« leur déclaration à haute voix. »

Le décret du 22 prairial an II, chef-d'œuvre
de Robespierre et de Couthon vint plus tard
modifier la composition du tribunal[1] et en
régler la procédure qui laissa bien peu à
désirer, au point de vue de la simplicité[2]. On

(1) « Le tribunal se divisera par sections composées de
« douze membres : savoir, trois juges et neuf jurés, lesquels
« ne pourront juger en nombre moindre de sept. »

(2) Dès ce moment, on donna officiellement au *tribunal
criminel extraordinaire* le nom de *tribunal révolutionnaire*
qui jusqu'alors n'avait été employé que parmi le peuple.
« Le premier, avait dit Billaud-Varennes, suppose des
formes ; celui-ci n'en doit point avoir » (Louis Blanc).
« Triste, triste baptême ! » ajoute l'historien de la Révolution.

en jugera par les deux articles suivants : « Tout
« citoyen a le droit de saisir et de traduire
« devant les magistrats les conspirateurs et les
« contre-révolutionnaires. Il est tenu de les dé-
« noncer dès qu'il les connait. — « S'il existe
« des preuves soit matérielles, soit morales,
« indépendamment de la preuve testimoniale,
« il ne sera point entendu de témoins, à moins
« que cette formalité ne paraisse nécessaire,
« soit pour découvrir des complices, soit pour
« d'autres considérations majeures d'intérêt
« public. » Le crime d'être « ennemi du Peuple »
était quelque peu vague ; le décret le définis-
sait dans les termes suivants auxquels on
aurait pu demander un peu plus de précision :
Etre *ennemi du Peuple*, c'était : « provoquer
« le rétablissement de la royauté — travailler
« à l'avilissement de la Convention — trahir la
« République dans l'exercice d'une fonction
« publique, militaire ou civile — créer la di-
« sette — semer le découragement — répandre
« de fausses nouvelles pour diviser ou trou-
« bler le peuple — dépraver les mœurs —
« corrompre la conscience publique. » Avec de
tels crimes précisés de telle façon, la porte
était ouverte à toutes les dénonciations. Pour
parer à ce danger, on n'avait rien trouvé de
mieux à faire que d'allouer un salaire aux
dénonciateurs appelés alors les « observateurs »
et de supprimer la défense. On lit, en effet,
dans le décret de prairial, cet article stupéfiant :
« La loi donne pour défenseurs aux patriotes
« calomniés des jurés patriotes ; elle en refuse

« aux conspirateurs. » On supprimait la défense parce que, d'après Couthon, « les défen-
« seurs officieux rançonnaient les accusés d'une
« manière scandaleuse ; tel s'était fait donner
« 150 livres pour un plaidoyer et les malheu-
« reux seuls n'étaient pas défendus. » — « Quels
« monstrueux sophismes ! » s'écrie Louis Blanc.

Cette loi avait trouvé un commentateur digne
d'elle dans le citoyen Payan, Agent-national
de la Commune de Paris ; voici ce qu'il en
écrivait à un de ses amis nommé juré : « Il est
« bon de t'observer d'abord que les Commis-
« sions chargées de punir les conspirateurs
« n'ont absolument aucun rapport avec les
« tribunaux de l'ancien régime, ni même avec
« ceux du nouveau. Il ne doit y exister aucunes
« formes ; la conscience du juge est là et les
« remplace...... Tous les hommes qui n'ont pas
« été pour la Révolution ont été par cela même
« contre elle, puisqu'ils n'ont rien fait pour la
« patrie...... Tout homme qui échappe à la
« justice nationale est un scélérat qui fera
« périr des républicains que vous devez sauver.
« On répète sans cesse aux juges : *Prenez
« garde ! Sauvez l'innocence !* Et moi je leur
« dis, au nom de la patrie : *tremblez de sauver
« un coupable !* Tu as une grande mission à
« remplir : Oublie que la nature te fit homme
« sensible. Rappelle-toi que la patrie t'a fait
« juge des ennemis...... Choisis entre l'amour
« du peuple et sa haine ; si tu n'as pas la
« force et la fermeté nécessaires pour punir
« les conspirateurs, la nature ne t'a pas destiné
« à être libre » (H. Wallon).

En exécution du décret du 27 germinal an II, tout individu accusé du crime de contre-révolution était traduit devant le tribunal révolutionnaire de Paris, dont « le grand pourvoyeur, « Fouquier-Tinville, demandait deux cents à « trois cents têtes par décade » (Louis Blanc). C'est en conformité de ces dispositions nouvelles que notre ancien Maire de 89 et ses 30 compagnons d'infortune furent envoyés à ce féroce justicier, renversé heureusement cinq jours avant leur arrivée. — Tous les suspects des Départements refluaient ainsi à Paris. L'activité du tribunal révolutionnaire ne put bientôt plus y suffire et, dans son arrêté du 4 thermidor, la Convention inséra la disposition suivante : « il sera pourvu à la nomination des « Commissions révolutionnaires qui paraîtront « nécessaires pour le jugement des détenus « renvoyés au tribunal. »

On maintint la Commission de cinq membres sans jurés, déjà créée à Orange, sur un rapport de Maignet, Représentant en mission, à Couthon, pour juger « les ennemis de la Révolution « qui seront trouvés dans les pays environ-« nants et particulièrement dans les départe-« ments des Bouches du Rhône et de Vaucluse. » Robespierre avait lui-même tracé son code sur lequel fut calqué le décret du 22 prairial qui réorganisa le tribunal révolutionnaire. On y remarque notamment les deux articles suivants : « La peine dûe est la mort ; les preu-« ves requises pour la condamnation sont tous « les renseignements, de toute nature qu'ils

« soient, qui peuvent convaincre un homme
« raisonnable et ami de la liberté. » — « La
« règle des jugements est la conscience du
« juge, éclairée par l'amour de la justice et de
« la patrie : leur but, le salut public et la ruine
« des ennemis de la patrie. » Cette Commission,
d'ailleurs, justifia pleinement la confiance que
la Convention mettait en elle. En 42 séances
(1er messidor - 17 thermidor) 591 accusés com-
parurent devant elle, sur lesquels 332 furent
condamnés à mort. Le Greffier en écrivait à l'un
de ses amis dans les termes suivants : « Tu
« connais la position d'Orange ; la guillotine
« est placée devant la montagne ; on dirait que
« les têtes lui rendent, en tombant, l'hommage
« qu'elle mérite » (J. GROS. *Le Comité de salut
public*). Atroce plaisanterie qu'on pouvait
appliquer, moins d'un an après, au tribunal
lui-même ! Tous ses membres avaient salué,
à leur tour !

Le tribunal révolutionnaire, créé le 10 mars
1793, était inauguré à Paris, dès le 2 avril
suivant. Moins de six mois après, celui du
département du Var était transféré de Toulon
à Grasse, en vertu d'un arrêté des Représentants en mission, Escudier, Barras, Fréron,
Robespierre le jeune et Ricord, daté de Solliès,
le 8 septembre 1793 (*V. Annexes XVI*). « Le
1er jour du 2e mois de l'an second de la République une et indivisible », il remplaçait le
tribunal du district, dans l'ancien couvent des
Dominicains et « sa séance d'installation se
« tenait dans l'église dite des ci-devant Domi-
« nicains, attendu que la salle d'audience du

« tribunal criminel était insuffisante. » Quant au tribunal ainsi délogé, il allait siéger, en face, dans la maison ci-devant de Cabris.[1]

Aussitôt des prisons s'improvisent de toutes parts : la ci-devant chapelle des Pénitents noirs dite *la Chapelle noire* (St-Martin) ; le ci-devant Séminaire où une barre de fer tordue rappelle encore une évasion effectuée, le 22 vendémiaire an **V** ; l'ancienne Maison-Commune ou soit *la Vieille-Commune* ; l'Hôpital de la Charité qui devait être successivement ambulance et magasin à fourrage ; « la vieille geole[2], Maison de « justice du Département dite l'Evêché » ; enfin, la *Torre de la Carce* (Prov.) ou simplement *la Tour*, qui flanquait *la porte des Fainéants* et que la ville a achetée et démolie en 1884. On n'avait pas eu le temps de convertir ces divers locaux en véritables geôles et les détenus s'y trouvaient dans des conditions intolérables. Le Séminaire était la prison de choix, le Luxembourg ou le Port-Libre de Paris — Le concierge, Joseph Roquemaure, n'était pas insensible aux plaintes de ses pensionnaires, surtout quand elles étaient appuyées de certain argument connu. — *La Tour*, vieille prison du XIVe siècle, avec son double étage de cachots souterrains munis de trappes, en était La Force ou L'Abbaye. Elle était à la disposition du Directoire du district et spécialement affectée aux suspects ;

(1) Nos 2 et 4 de la rue du Cours qui s'appelait alors *rue de la Commune*, depuis la porte de la Rouguière jusqu'au Petit-Puy.

(2) Aujourd'hui *la Crèche*.

elle ne devait pas recevoir de condamnés, ainsi
que le constate la lettre suivante :

« Grasse, 16 pluviose an II de la République
une et indivisible

« *L'Agent national du district de Grasse*
à l'Agent national près la même commune.

. « Il est étonnant que la Municipalité, à la
« première occasion qui s'en est présentée, ait
« laissé violer l'ordre qui doit régner dans les
« prisons. Je suis instruit que les trois indi-
« vidus qui ont été, hier, condamnés à mort,
« ont été conduits à la prison de la Tour, où ils
« ne peuvent l'avoir été que par des vues
« intéressées. Je te requiers sous ta respon-
« sabilité personnelle de veiller à l'établisse-
« ment de l'ordre que l'administration avait
« prescrit à la Commune par sa lettre du
« 12 courant, à la désignation d'une chambre
« où seront traduits les condamnés et à ce que
« la prison du district ne serve pas à ceux qui
« sont sous le décret d'accusation. »

Signé : P. GIRARD Cadet.

L'administration municipale, de son côté,
eut à s'occuper plusieurs fois de cette partie du
service, qui avait pris subitement une si grande
importance. C'est ainsi que « le 21e jour du
2e mois an 2 de la République française une et
indivisible », elle prit un arrêté relatif à la
garde des prisonniers détenus dans le ci-
devant séminaire et dans la ci-devant *Chapelle
Noire*. L'article 3 de cet arrêté portait : « Il est

« défendu au chef de poste de laisser commu-
« niquer personne, quand même il serait muni
« d'un billet des officiers municipaux avec les
« prisonniers de cette ville qui sont détenus
« pour cause de suspection, à peine d'être
« dénoncés au Comité de surveillance et punis
« conformément à la loi. »

Malgré ces précautions, Jean Gautier, de
Solliés, s'évade de la *Chapelle Noire*, quatre
jours après, « dans un moment où la garde
« était entré dans la maison d'arrêt, vraisem-
« blablement pour se garer de la pluie et avait
« laissé la porte ouverte. » Cette garde si peu
vigilante était composée d'un piquet de gardes
nationaux commandés par le sergent Raphaël
Ribier, jardinier. — Dix jours après, deux autres détenus, Honoré Augier, de Callas et Louis
Martin, de Toulon, réussirent à s'échapper
de la même prison, par le trou des latrines. —
Le 24 nivose l'an 2, à la suite de nombreuses
réclamations, le Corps municipal « autorise le
« citoyen Antoine Joseph Ferran perruquier
« d'entrer dans les maisons d'arrêt pour raser
« les prisonniers détenus qui en auront
« besoin. »

Notre ville comptait donc six prisons[1] d'où
s'élevait un véritable concert de plaintes et de
lamentations. Le 21 frimaire an II, quarante-
six malheureux étaient entassés dans les sous-
sols de la Tour ; ils sollicitent, comme une

----

(1) L'abbé Tisserand n'évalue pas à moins de 500 le
nombre des détenus, à la suite de la translation de ceux
de Toulon.

faveur insigne, un prompt jugement. « Plût au
« ciel, écrivaient-ils, que nous pussions donner
« le nom de prison aux voutes pestiférées sous
« lesquelles nous sommes tristement étendus !
« L'humidité, les injures de l'air et l'odeur pes-
« tilentielle attachée aux murs par la longue
« stagnation des ordures et de la paille pourrie
« nous oblige de vous présenter nos justes
« réclamations. » Le directoire du district fut
peu sensible à ces lamentations ; il fut beaucoup plus ému de l'évasion de cinq prisonniers
qui eut lieu, le 18 germinal an IV. Dès le lendemain, les détenus qui sont dans la « maison
« d'arrêt dite la Tour sont transférés en totalité
« dans la maison d'arrêt dite l'Evêché, atte-
« nante à la Maison-Commune. » L'arrêté, qui
ordonne ce transfert, mentionne, avec l'évasion
ci-dessus, « le mauvais état, où se trouve la
« maison de justice de la Tour et l'infection qui
« existe dans une chambre où sont encore ren-
« fermés quatre détenus couverts d'ulcères et
« ayant besoin des secours de l'art. » — Le
23 frimaire an II, deux prisonniers détenus
« dans la vieille Commune » implorent l'autorité, à l'effet d'être transférés « dans un local
« plus salubre et le plus promptement possible
« dans le Séminaire qu'on leur destine. » Deux
jours après, un de leurs compagnons d'infortune présente la même supplique qui se renou-
velle, de tous les côtés. Le Séminaire, on le
voit, était la prison enviée ; il parait même
qu'on y jouait, comme on le faisait, d'ailleurs,
dans certaines prisons de Paris. — On connait

les vers dans lesquels Chénier a chanté ces joyeux passe-temps que l'appel de la guillotine venait subitement interrompre. — Une pareille licence attira l'attention des autorités, et le Procureur-Syndic de la Commune en écrivit au Maire, dans les termes suivants :

Du 13 octobre 1794.

« *Le Procureur de la Commune au Maire*

« Le Procureur-syndic du district vient de
« me dénoncer que la maison d'arrêt du
« Séminaire est un véritable tripot, qu'on y
« joue journellement à des jeux de hasard et
« même que Roustan aubergiste a porté, un de
« ces jours, à un des détenus l'importante
« somme de 4000 livres, et comme les maisons
« d'arrêt et les prisons sont sous la surveil-
« lance des municipalités et que les lois leur
« imposent le devoir d'y maintenir une bonne
« police et d'empêcher que les détenus n'em-
« ploient des moyens de séduction pour
« sevader, il requiert : 1º Qu'il soit fait déf-
« fenses aux détenus de jouer à quelque jeu
« que ce soit, 2º qu'il soit délégué deux officiers
« municipaux pour otter aux détenus tout
« ce qu'ils peuvent avoir de propre à séduire
« a l'effet de leur otter tout moyen devasion et
« qu'il soit donné pour consigne a la garde
« de ne laisser entrer personne aux prisons,
« portant des cartes ou quelque somme que
« ce soit aux prisonniers. »

Signé: ROUBAUD, Pr de la Commune.

Le 22 thermidor an III, deux prisonniers, enfermés dans les prisons dites de *l'Evêché* depuis plus de trois mois, se plaignent à l'accusateur public, le citoyen Christophe Reibaud, de la manière dont ils sont exploités par le concierge Joseph Bassous, « qui leur « achète quelques légumes pour joindre un « aliment au pain et à l'eau qu'on leur donne. » Le logement n'avait rien à envier à la nourriture et réciproquement.

Le concierge Bassous n'était pas le seul à exploiter ses prisonniers : un de ses honorables collègues, le citoyen Charles Jean, concierge de la Tour, pratiquait cette industrie sur une plus grande échelle. On en jugera par la lettre suivante, qui nous montre comment les choses se passaient dans les innombrables prisons improvisées par la Terreur.

Aux citoyens composant le directoire
du district de Grasse.

« Citoyens,

« Charles Jean, gardien de la maison d'arrêt,
« a l'honneur de vous observer que le nommé
« Jacques Mars, prêtre, a été mis en arrestation
« le 11 octobre 1793 (vieux stile) dont je lui
« avoit remis ma chambre moyennant la
« somme de quarante sols par jour. Il a resté
« en détemption soixante-sept jours, que ce
« montent a la somme de cent trente-quatre
« livres, il m'est dû de plus du dénommé cy
« dessus, la nourriture de quinze jours, à
« raison de trois livres, qui fait en tout la

« somme de cent soixante dix-neuf livres, sans
« préjudice de la nourriture de son domestique
« et de sa servante.

« Il m'est dû de plus du nommé Blaise
« Berlier qui a été mis en arrestation, le 2d de 9bre
« 1793 (vieux stile) quarante-cinq jours de
« détemption, au même prix, ce montent
« quatre-vingt-dix livres, de plus quinze jours
« de nourriture à trois livres l'un, montent
« quarante-cinq livres, faisant en tout la somme de cent trente-cinq livres.

« J'espère citoyens administrateurs, que vous
« trouverés mes demandes autant justes que
« légitimes, et que vous voudrés bien m'accor-
« der l'aut'horisation, d'en être satisfait je suis
« en attendant votre concitoyen.

« Grasse le 29 frimaire l'an 2 de l'ère républicaine.

Signé : JEAN.

Le pétitionnaire, en présentant sa requête,
savait fort bien que ses ex-pensionnaires ne
pouvaient guère y contredire : l'ancien chanoine théologal du Chapitre de Vence et l'ancien juge de paix de Draguignan avaient été
« rasés », trois jours avant.

Joseph Bassous et Charles Jean faisaient,
d'ailleurs, dans les prix doux, à côté de ce qui
se pratiquait à Paris. Voici, en effet, ce qu'on
lit dans *La Terreur* de **M.** Wallon : « L'Etat,
« ou du moins ses agents, tiraient des prisons
« un assez joli bénéfice. A la Force, une
« chambre de 14 pieds carrés, contenait huit
« personnes et était louée 22 livres par mois

« par chaque prisonnier. O criminelle adminis-
« tration ! s'écrie un des députés incarcérés,
« elle faisait payer de location 22 livres par
« mois à chaque prisonnier à qui elle ne
« fournissait que le toit, *propriété nationale*;
« et, de cette manière, sur huit mille prison-
« niers qu'il y a eu dans Paris, c'était une
« recette de 176.000 livres qui entrait, tous les
« mois, dans les caisses de l'administration,
« elle qui mettait la dépense au compte du
« trésor public. » — « A la Conciergerie, un
« lit de sangle se payait 25 livres par mois;
« et il fallait avoir un lit de sangle si l'on ne
« voulait, jeté sur la paille, être exposé aux
« rats et aux souris qui venaient dévorer jus-
« qu'aux souliers que l'on avait aux pieds. » —
« Il y a, dit un autre habitant du même lieu,
« autant de lits dans une chambre qu'elle en
« peut contenir. On payait d'abord, pour un lit,
« 27 livres 12 sous, le premier mois et 22 livres
« 10 sous, les mois suivants. On a réduit ce
« loyer à 15 livres par mois; mais, c'était
« 15 livres par nuit, quand le nouvel arrivant
« n'y demeurait pas davantage. Dans les der-
« niers temps de la tyrannie de Robespierre,
« lorsque le tribunal envoyait les victimes à la
« mort par charretées, quarante ou cinquante
« lits étaient occupés, tous les jours, par de
« nouveaux hôtes, qui payaient 15 livres pour
« une nuit, ce qui donnait par mois un produit
« de 18 à 22.000 livres. Aussi, ajoute-t-il, la
« Conciergerie est-elle le premier hôtel garni de
« Paris, quant au produit. » — On faisait payer

aux détenus jusqu'au chien de garde : « Il
« couta 240 francs aux pensionnaires de Port-
« Royal » (H. Wallon).

Le compagnon obligé du tribunal révolutionnaire, « la Sainte Guillotine », n'avait pas tardé
de le rejoindre à Grasse et de s'installer auprès
de lui. « Le rasoir national, l'Alpha et l'Oméga
« de la Terreur » avait ses fidèles qui le célébraient à l'envi, sur des modes variés. Ainsi
l'anglais Carlyle faisait de la science (*Histoire
de la Révolution française*) : « La guillotine,
« par sa promptitude, donne une idée de l'acti-
« vité générale de la République. Le cliquetis
« de cet énorme couperet s'élevant et retombant
« dans une horrible systole — dyastole, est
« une partie de cet énorme mouvement vital (!)
« et de la pulsation du système des sans-
« culottes. » Un second trouvait, dans le langage de la géométrie, le moyen de glisser de
fines et délicates allusions : « La machine,
« disait-il, est composée de deux verticales
« entre lesquelles glisse un plan triangulaire
« qui descend tangentiellement à une sphère et y
« trace une sécante. » Un autre visait à l'esprit :
« Compte rendu aux sans-culottes de la Répu-
« blique française par très haute, très puissante
« et très expéditive dame Guillotine, dame du
« Carrousel, de la place de la Révolution, de la
« Grève et autres lieux ; contenant le nom et
« le surnom de ceux à qui elle a accordé des
« passe-ports pour l'autre monde, le lieu de
« leur naissance, leur âge et qualités, le jour
« de leur jugement, depuis son établissement,

« au mois de juillet 1792 jusqu'à ce jour, rédigé
« et présenté aux amis de ses prouesses, par le
« citoyen Tisset n° 13 rue de la Barillerie,
« coopérateur des succès de la République
« française. De l'imprimerie du Calculateur
« patriote, *Au corps sans tête.* »

La poésie se mettait de la partie ; Eugène de
Mirecourt *(Avant, pendant et après la Terreur)*
nous a conservé un pont-neuf qui, pendant
quelques jours, fut le grand succès des théâtres
de Paris. *(V. Annexes XVII).* Cette pièce de
vers avait été crayonnée par un vaudevilliste, à
la séance de l'Assemblée Constituante du 17
décembre 1789, où un médecin philanthrope
« fit une motion tendant à obtenir de ses collè-
« gues qu'ils veuillent bien réduire l'exécution
« des criminels à un seul et unique procédé
« capable de diminuer leurs souffrances. Il a
« même porté la délicatesse jusqu'à dire qu'on
« devait s'appliquer à trouver moyen de suppri-
« mer le bourreau et son cruel ministère. »

Le bourreau fut supprimé, en effet.... ou du
moins son nom. Il en prit un nouveau en
rapport avec les idées de l'époque : il s'appela
pompeusement *Le Vengeur du Peuple*, et c'est
avec ce titre retentissant qu'il s'installa dans
nos murs, pour y remplir les intentions huma-
nitaires du bon docteur. Le lecteur sera exactement renseigné sur l'accomplissement de
cette mission philanthropique, par les lettres
ci-après copiées, avec leur orthographe, sur les
originaux déposés aux archives de l'Hôtel-de-
Ville.

RÉPUBLIQUE FRANÇAISE

« L'administration du département du Var
« requiert la Municipalité de Grasse de metre
« sur le champ en requisition le nombre de
« menuisiers et autres ouvriers nécessaires
« pour monter la guillotine sur un traiteau,
« la placer au Clavessin et la metre dans les
« 24 heures en état d'exécuter les jugements
« du tribunal criminel, le tout sous votre res-
« ponsabilité. Elle procurera un taillandier
« pour éguiser le couteau.

« Fait à Grasse, au département du Var, le 14 frimaire
à midi, an II de la République française. »

Signé : AUBERT Présid^t

CHABERT Sec. g^{al}.

Ainsi que je l'ai fait observer, dans mes
Notes sur Grasse, le nom de Bellaud de la
Bellaudière, le joyeux « Arquin », a remplacé
l'ancien nom, *le Clavecin*, auquel était attaché
le sinistre souvenir du « traiteau » de la Terreur.

« L'administration du district de Grasse,
« ensuite de la réquisition du département
« requiert la Municipalité de Grasse, de cher-
« cher un éxécuteur des jugemens du tribunal
« criminel dans les 24 heures pour mettre à
« exécution des jugemens qui ont déjà été
« rendus.

« Fait à Grasse au district le 14e frimaire à une
heure après-midy l'an second de la Rép. f^e u. i. »

Signé : LEIDIER cadet — P. GIRARD cad^t P. S.
CAVALIER.

La guillotine ne tarda pas à trouver son homme ; elle put entrer enfin en fonctions, et exécuter les jugements rendus à l'avance, en attendant — pas longtemps — les autres.

RÉPUBLIQUE FRANÇAISE — LIBERTÉ, ÉGALITÉ

« L'administrateur du département du Var « requiert la Municipalité de Grasse de faire « placer une sentinelle auprès de la guillotine, « qui veillera à ce qu'aucun citoyen n'en apro- « che et qui y demeurera nuit et jour.

« Fait à Grasse le 16 frimaire an II de la République française. »

Signé : PIERRUGUES ad[teur]

CHABERT sec. g[al]

Cette sentinelle n'était pas à son poste, parait-il, dans la soirée du 27 nivose suivant, car, à cette date, le district rappelle énergiquement à la Municipalité ses prescriptions du 16 frimaire.

« La Municipalité de Grasse est requise de « faire placer de suite une sentinelle à la guil- « lotine placée au dessus du Cours.

« A Grasse au district le 27 nivose de l'an 2[d] de la Rép. une et indi. à huit heures du soir. »

Signé : P. GIRARD cad[t] ag. n[l] — REVERDIT.

RÉPUBLIQUE FRANÇAISE — LIBERTÉ ÉGALITÉ

« L'administration du département du Var « requiert la Municipalité de Grasse de faire « fournir sur le champ un mouton en vie, pour « faire un essai de la guillotine.

« Fait à Grasse le 16 de frimaire 2e an. »

Signé : AUBERT présid[t]

CHABERT sec. g[al]

L'essai du « rasoir national » fut heureux sans doute, puisque le jour même, un homme prenait la place du mouton. — On continuait d'aller vite en besogne. — J'ai relevé dans les registres de l'Etat Civil l'acte de décès de cette première victime de la Terreur.

« Des susdits jour, mois et an, en même pré-
« sence et au lieu susdit est comparu Joseph
« Gaspard Marie Giraud, en qualité de secrétaire
« du tribunal criminel du département du Var,
« lequel assisté d'Antoine Tombarel âgé de cin-
« quante ans, secrétaire de la Commune et de
« Jean Muraour agé de vingt-quatre ans, mar-
« chand, a remis à moi (Antoine Honoré Ricord)
« susdit officier public l'extrait du procès verbal
« du jourd'huy constatant le décès d'Antoine
« Ricard, de Callian, et qui est tel qu'il suit :
« Extrait des registres du greffe du tribunal
« criminel du département du Var. Aujour-
« d'hui seizième de frimaire l'an second de
« la République une et indivisible, nous
« Pierre Fabre, commis-greffier près le tribunal
« criminel révolutionnaire du département du
« Var séant en cette ville de Grasse, nous som-
« mes rendu à trois heures de relevée sur la
« place publique de cette ville dite le Cours,
« pour assister à l'exécution du jugement
« rendu par le Tribunal criminel qui condamne
« Antoine Ricard maréchal-ferran du lieu de
« Callian agé de vingt-deux ans, le dix-neu-
« vième de Brumaire. Et là sur un échafaud à
« cet effet dressé, l'exécuteur des jugements
« criminels a fait tomber le glaive de la loi

« sur la tête dudit Ricard, de tout quoi nous
« avons dressé le présent procès-verbal, à
« Grasse l'an et jour susdits. »

Un modeste cordonnier, de Grasse, suivait,
le lendemain, le maréchal ferrant de Callian ;
j'ai trouvé, aux archives de l'Hôtel-de-Ville, la
réquisition d'inhumation de ce malheureux.

« Grasse le 17 frimaire de l'an 2ᵈ de la République
française une et indivisible.

« *L'accusateur public du département
à la Municipalité de Grasse,*

« Je vous donne avis, citoyens, qu'Honoré
« Trabaud, cordonnier originaire de cette com-
« mune vient de subir la peine de mort, sur
« la place ditte du Cours ; Je vous invite de
« donner des ordres pour qu'il soit inhumé
« incessamment. »

Signé : J. B. VACHIER.

Ainsi, deux pauvres ouvriers, dont l'un à
peine âgé de vingt-deux ans, inauguraient
cette lamentable série d'exécutions qui, pendant un an, allaient souiller de sang notre
joli square du *Clavecin.* Les premiers, ils
avaient *passé leur tète au rasistas et éternué
dans le sac,* suivant le gracieux langage de
l'époque. — Quelle année lugubre pour notre
ville ! Six prisons sont encombrées de détenus :
la ci-devant église cathédrale et paroissiale est
un magasin à fourrage où devait éclater l'incendie du 5 septembre 1795 ; le ci-devant Hospice
de la Charité, en attendant de devenir, lui-
même, magasin à fourrage, à la place de

l'église, est une ambulance annexée aux « Hopitaux des frères d'armes » des Capucins et des Cordeliers ; le typhus fait de tels ravages dans ces hopitaux qu'on leur annexe aussi deux cimetières provisoires ; le couvent des Visitandines (à Tracastel) est devenu « l'atelier révolutionnaire du salpêtre », à peu près le seul atelier ouvert dans la ville et dans lequel on travaille sur réquisition ; le prix de la livre de pain ne cesse de monter, pour atteindre, en germinal an IV, le chiffre de 15 fr. en assignats, des bandes déguenillées accourent, tous les matins, aux distributions de pain de la Municipalité ; les mulets malades de l'armée d'Italie sont parqués sur le Cours autour de l'autel de la Patrie ; tout auprès, s'est élevé et plane un second autel, c'est celui de « la messe rouge, la sainte guillotine ! »

Après avoir parlé des premières victimes, il convient de dire un mot du bourreau devenu, dans le langage déclamatoire du temps, « le vengeur de la loi » ou « le vengeur du peuple. » La Commune l'avait installé dans les chambres qu'elle possédait au-dessus de la porte du Cours et qui étaient affectées ordinairement au logement d'un des sergents de ville. Peu de jours après, le président du tribunal révolutionnaire adresse, en sa faveur, la lettre suivante au directoire du département.

« Grasse, le 22 frimaire an 2ᵉ de la République
française une et indivisible.

*Le citoyen président du tribunal cri-
minel du département du Var aux citoyens
administrateurs du département du Var.*

« Le citoyen Paban, vengeur du peuple,
« citoyens, m'a fait passer une pétition à l'effet
« qu'il lui soit accordé un matélas avec ses
« draps, une couverture, six chaises, douze
« assiètes, deux plats, une cruche, une conque,
« deux marmites, une casserole de terre, une
« crémaillère, un trépied, une table à manger,
« une pèle et pincettes.

« Comme ces divers ustensiles doivent lui
« être fournis, sauf de lui en retenir le prix
« sur ses salaires ; j'espère, d'après vos pro-
« messes, que vous voudrez bien lui procurer
« les effets qu'il réclame avec instance, en
« donnant vos ordres à qui de droit.

« Le Président du tribunal criminel du dép. du Var

Signé : V. LOMBARD.

« Vu la lettre ci-dessus, oui le Procureur-
« général sindic,

« L'administration du département du Var
« requiert les administrateurs du district de
« Grasse de faire fournir à Paban, exécuteur
« des jugements du tribunal criminel du
« département les objets mentionnés dans la
« lettre ci-dessus qui ont été par lui réclamés.

« Fait à Grasse au département du Var, le 22ᵐᵉ
de frimaire 2ᵉ an.

Signé : REIBAUD, AUBERT président, LAYET.

« La municipalité de Grasse est requise de
« faire fournir au citoyen Paban les objets
« ci-dessus, à l'exception des draps et du
« matelas.

> « Fait à Grasse au district le 23 frimaire l'an second.

Signé LEIDIER cadet, REVERDIT.

Le directoire du district se refusait à accorder
au « Vengeur » le coucher luxueux que celui-ci
réclamait ; il pensait peut-être alors à la paille
dont les détenus devaient s'accommoder. Plus
tard, il céda à de nouvelles instances et, sans
aller jusqu'au matelas et aux draps, il demanda
un lit et une paillasse. La lettre suivante en
fait foi.

« La municipalité de Grasse est requise de
« fournir un lit composé d'une paillasse, des
« planches et des bancs au Vengeur du Peuple.

> « Fait à Grasse, au directoire du district, le 3 plu-
> viose l'an 2ᵉ de la République française une et
> indivisible.

Signé VIDAL, P. GIRARD cadet, EUZIÈRE.

La Municipalité avait eu, d'ailleurs, à pourvoir au logement du citoyen Jean Majastre, qui
avait été donné comme adjoint au « Vengeur. »
Elle l'avait installé à côté de son chef.

> Du 25 nivose 2ᵉ an.

« *Le directoire du département du Var*
à la Municipalité de Grasse.

« Le nomé Jean Majastre adjoint à l'exécuteur
« des jugements du tribunal criminel nous a
« demandé, citoyens, le logement que la loi lui
« accorde. Nous vous prions de lui procurer

« une chambre que la République payera et de
« faire en sorte qu'il soit logé par tout le jour.

Signé : MAURE, FAUCHIER.

Au bout d'un mois et demi à peine, « le rasoir
national » était émoussé, parait-il ; on le fait
aiguiser pour le mettre en état d'aller fonction-
ner correctement à Nice, sur la place de l'Egalité (St-Dominique). Mais, notre tribunal criminel ne resta pas au dépourvu pour cela ; à
l'avance, on lui avait envoyé, de Marseille, une
guillotine de rechange. Les réquisitions ci-après
l'attestent.

« La municipalité de Grasse est requise de
« faire monter par les ouvriers de cette com-
« mune la guillotine qui est déposée actuelle-
« ment au département, avant quatre heures
« du soir.

« A Grasse, au district, le 27e nivose l'an 2^r de la
Rép. une et indivisible à onze heures et demie.

Signé : CAVALIER, P. GIRARD cad^t ag^t n^l,
REVERDIT, VIDAL greff.

« La municipalité de Grasse est requise de
« faire eguiser le tranchant de la guillotine qui
« est actuellement en activité et monter celle
« qu'on a apporté de Marseille, et qui est dans
« les remises de la gendarmerie, le tout demain
« avant midi.

« A Grasse, au district, le 27e nivose l'an 2e de la
Rép. une et indivisible.

Signé : REVERDIT, P. GIRARD cad^t ag^t n^l,
CAVALIER.

On peut s'expliquer ces deux réquisitions données, le même jour. Les membres du directoire du département s'étaient peu souciés probablement de loger dans leur somptueuse habitation le sinistre envoi qu'on leur avait fait de Marseille et ils l'avaient rélégué dans les remises de la gendarmerie. D'autre part, Messieurs du district, malgré toute l'ardeur de leur zèle, avaient compris sans doute qu'ils voulaient aller trop vite en besogne et que quatre heures et demie ne suffiraient pas pour l'ouvrage à faire.

Trois jours après, la municipalité recevait du tribunal criminel, la réquisition suivante :

« Grasse le 1er pluviose l'an 2e.

« La municipalité de Grasse est requise de « faire fournir une charrette attelée de trois « colliers pour porter demain matin à Nice la « Guillautine.

« Fait à Grasse, les jours, mois et an que dessus. »

Signé VIDAL Greff. – Jean GIRAUD

Quelques mois plus tard, l'accusateur public ordonne le transport de la guillotine, de Grasse à Saint-Paul du Var, chef-lieu de district et, à ce titre, siège d'un tribunal. Ce magistrat compatissant se préoccupe surtout de la douloureuse attente du condamné,

« 14 thermidor an II

« *L'accusateur public du département
du Var au procureur-syndic du district.*

« Citoyen, la lettre que je vous ai écrite, le 2
« de ce mois, relative à la fourniture d'une char-
« rette pour le transport de la guillotine à Pol
« du Var n'a encore produit aucun effet. Le
« cours de la justice est arrêté et le condamné
« pour lequel, dans cette circonstance, les heu-
« res sont des siècles, se trouve nécessairement
« dans une situation déchirante. Veuillez bien
« employer tous les moyens que la loi vous
« donne pour l'exécution de la réquisition que
« je vous ai adressée et prendre des mesures
« relativement au transport de la guillotine
« par charrette ou à défaut à dos de chevaux
« ou mulets. Instruisés moi sur tout des
« obstacles qu'on oppose à l'éxécution des lois
« et au cours de la justice. »

Signé: Christophe REIBAUD ac. pub.

Notre « instrument de mort » avait eu sa
besogne considérablement réduite, par le décret
du 27 germinal an II ; il était au repos, grâce au
ciel, depuis plus d'un an, lorsque le commissaire du pouvoir exécutif en purgea notre
ville et le fit transporter à Draguignan. Voici
la lettre qu'il adressa à ce sujet à l'autorité
municipale.

« Grasse le 4 germinal l'an 4ᵉ de la République
française une et indivisible.

*« Le Commissaire du pouvoir exécutif près le
tribunal correctionnel de l'arrondissement
de Grasse aux citoyens administrateurs de
la ville de Grasse.*

« Le Commissaire du pouvoir exécutif près
« le tribunal criminel m'a chargé par sa lettre
« du 28 ventose que j'ai reçue par le courrier
« d'hier soir, de faire transporter à Draguignan
« l'instrument de mort et d'y faire rendre sans
« délai le vengeur. Comme cet instrument ne
« peut être transporté que sur une charrette,
« vous voudrez bien mettre en réquisition un
« des charretiers de la Commune pour faire ce
« transport. J'attends votre réponse pour don-
« ner les ordres relatifs au départ de cet
« instrument.

« Salut et fraternité »

Signé : ROUBAUD fils.

*
* *

Il ne reste plus qu'à donner les noms des
victimes que le sinistre instrument avait faités,
pendant son trop long séjour à Grasse : « les
30 numéros gagnants de la liste de la sainte
guillotine », pour parler encore une fois, le
langage de la Terreur.

AN II

16 frimaire — Antoine Ricard, maréchal-ferrant, de Callian, 22 ans.

17 frimaire — Honoré Trabaud, cordonnier, de Grasse.

16 frimaire — Jacques Mars, prêtre, ci-devant chanoine théologal de l'église de Vence, 68 ans. — Blaise Berlier, ci-devant juge de paix de Draguignan, 64 ans.

27 nivôse — François Joseph Ville, prêtre de Montélimar, 31 ans.

28 nivose — Jacques Gautier, droguiste, du Port de la Montagne (Toulon), 36 ans. — Jean-Baptiste Perrault, prêtre, de Tournus (Saône-et-Loire), 31 ans.

29 nivôse — Pierre-Auguste Gontard, ex-juge de paix à Barjols, 45 ans.

1er pluviose. — Théodore Pontevès (Mlle de Pontevès, religieuse) ci-devant sœur Blaise, de Barjols, domiciliée à Draguignan, 71 ans.

4 pluviose — Alexandre Jordanis, autrefois officier municipal de Draguignan, secrétaire de la comptabilité des fourrages à l'armée d'Italie, 25 ans.

5 pluviose — André Barbegier, de Fos-Amphoux, maréchal-ferrant, 46 ans. — Claude-François Chibous, de Paris, officier de santé à Fos-Amphoux, 35 ans.

12 pluviose — Joseph Hauvel, ci-devant officier municipal de la Commune de Solliès, 44 ans. — Jean-Baptiste Aiguier, dit Morion, confiseur, de Solliès, 32 ans.

16 pluviose — Honoré Claviers, procureur-syndic du district de Brignoles, 58 ans. — Jacques Maurel, membre du directoire du district de la Commune de Méounes, 40 ans. — Martin Siméon, membre du directoire du district de la Commune de Correns, 40 ans.

22 pluviose — Jean Bonaventure Poncy, de Toulon, chapelier à la Roque-Brussane, 25 ans.

26 pluviose — Jacques Cuers cy-devant Cogolin (M. de Cuers-Cogolin), capitaine de vaisseau, en activité de service, domicilié à la commune d'Héraclée, autrefois Saint-Tropez, 54 ans.

25 ventose — Victor Buisson, de Roquebrune, curé de Néoules, 24 ans.

7 germinal — Jean-Baptiste Mottet, ménager, de la Valette, 62 ans.

8 germinal — Louis Jonquier, curé de Bandols, 50 ans — Jean-Barthélemy, de Bandols, tonnelier, 49 ans.

15 germinal — Jean-Louis Beraud, propriétaire, de Cuers, 67 ans.

16 germinal — Jean Aurose, négociant, de Ségoyer (Dauphiné), 57 ans.

29 germinal — Jean-François Digne, ci-devant homme de loi de Figanières, domicilié à Draguignan.

18 messidor — Julie Hannequin, née à Grenoble, fille de François, ci-devant greffier au Bailliage de Gressivaudan, 30 ans.

9 thermidor — Laurent Danion, originaire du cy-devant Toulon, domicilié en la Commune de la Valette, 60 ans.

An III

17 frimaire — Joseph Roux, laboureur, cy-devant gendarme, de Solliès, 27 ans.

18 frimaire — Théodore Rivière, prêtre-bénéficier, de Mende (Lozère), 39 ans.

*
* *

Après avoir parcouru ces pages consacrées aux plus mauvais jours de la Révolution, il se peut que quelque lecteur compare les années 1794 et 1894, en se demandant si la seconde vaudra beaucoup mieux que la première..... Au milieu des angoisses du moment et d'un deuil national, tel qu'il n'en fut jamais, on comprend hélas ! que l'on puisse se poser cette question.

ANNEXES

I

Réglement (en 22 articles)
pour le Club des deffenseurs de la Constitution
du district de Grasse.

L'AN 2 DE LA LIBERTÉ (1790)

Extrait (1)

ART. 1er — S'instruire des décrets de l'Assemblée nationale, surveiller les ennemis de la Constitution, poursuivre les abus, les dénoncer sans ménagement de même que tous les genres d'oppression et toutes les injustices qui tendent à reproduire, sous une forme nouvelle, les horreurs du despotisme ; discuter toutes les questions relatives à l'intérêt public, tels sont les objets auxquels les deffenseurs de la Constitution consacrent leurs travaux.

.   .   .   .

ART. 21. — On discutera dans le Club tout ce qui peut intéresser la liberté, l'ordre public et la Constitution, suivant l'esprit et les principes de l'Assemblée nationale ; mais les discussions qui auront lieu dans le club ne gèneront aucunement la liberté d'opinion d'aucun de ses membres.

.   .   .   .

*   *

(1) Tiré d'une « copie faite pour la section de Vallauris ».

Réglement (en 17 articles)
de discipline intérieure pour les deffenseurs
de la Constitution du district de Grasse.

L'AN 2 DE LA LIBERTÉ

(Extrait)

ART. 1er — En entrant dans la salle dassem-
blée, tout membre du Club est dispensé d'oter
son chapeau ; il suffira d'y porter la main, en
signe de sálutation.

. . . .

ART. 6. — On parlera toujours, le chapeau
sur la tette, a moins qu'on ne veuille l'oter par
commodité.[1]

. . . .

***

Extrait du Verbal du 23 mai 1791.

Le Club s'est réuni sous la présidence de
M. J. F. Ricord son président, pour recevoir,
comme affiliés, 150 citoyens patriotes de Vallauris présentés par MM. Gazan, Narbon,
Sevoule et autres commissaires au nombre
de 27.

Sur la motion du frère Guizol, du Bar, l'Assemblée a arrêté qu'il serait fait une députation

[1] Ces règlements sont probablement l'œuvre de J. J.
Mougins de Roquefort, le fondateur de la Société dont il
fut le président pendant 6 mois consécutifs, à partir du
1er décembre 1791, honneur exceptionnel que notre ancien
maire mentiònne à bon droit dans son livre de raison.

de la part du Club à M. l'Evêque a Fréjus[1] et qu'il serait donné avis du présent arrêté à toutes les sections pour qu'elles pussent, si elles le jugeraient à propos, nomer des commissaires pour cette députation. L'Assemblée a nomé pour commissaires MM. Guidal cadet, Vidal ainé, Goby, Templier, Jacques Maubert, Bonafonds, Mottet, Rey parfumeur, Levens, Elzéard Lambert chirurgien.

Elle a de plus arrêté que, dès qu'elle aurait connaissance de l'arrivée de M. l'Evêque à Fréjus, elle en donnerait avis aux sections pour que les commissaires pussent se réunir pour former la députation, au jour qui sera fixé par l'Assemblée.

II

Le 21 octobre 1793, le Conseil général de la Commune, en exécution de la loi du 23 juillet, avait décidé que toutes les cloches du clocher seraient descendues, « sauf *Sauve-Terre* qui restera à l'endroit où elle est placée. » Le 28e jour du dit mois, « la descente des cloches fut « adjugée au sieur Antoine Curel, moyennant « la somme de 600 livres. »

Le culte extérieur ne survécut pas longtemps aux cloches, ainsi que le constate la délibération du Conseil municipal du 4 frimaire an II. Le Maire fait part à l'assemblée que la Société

---

(1) L'abbé Rigouard, curé de la Farlède, avait été élu évêque constitutionnel du département du Var par l'assemblée électorale réunie à Toulon, le 12 avril 1791.

républicaine a demandé « d'anéantir le culte
extérieur. » Le Conseil transmet cette demande
à l'administration du département, « pour opé-
rer, s'il y a lieu, l'interdiction des sérémonies
extérieures du culte. »

Cette interdiction immédiatement prononcée
est promulguée, le jour même (4 frimaire). Par
suite, « les citoyens de la ville et de son terroir
« sont invités de pourvoir à l'enterrement de
« leurs parents ou amis de la manière qu'ils
« jugeront convenable ; en mettant toujours le
« délai de 24 heures porté par la loi. »

Le 6 frimaire an II, le Conseil municipal
ordonne l'enlèvement de « toutes les statues
« dites vierges et bustes de quelque nature
« qu'elles soient qui se trouvent dans les
« maisons de la Commune servant au culte
« catholique, dans les hameaux de Magagnosc,
« Plascassier et le Plan, comme aussi dans les
« ci-devant chapelles champêtres, à Valcluse,
« Laurette, Jacques et autres, ainsi que la statue
« qui se trouve à la porte extérieure de la
« propriété de Bayon, et à tous autres endroits
« du terroir de la Commune. »

L'Eglise du couvent des Visitandines, à la rue
Tracastel, était désignée comme lieu de « dépôt
« de l'or, argent, fer, croix et autres effets du
« culte catholique provenant des églises et
« autres lieux publics » (lettre du Procureur-
Syndic du directoire du district à la Municipalité, en date du 8 frimaire).

Dès le 6 de ce mois, un commissaire, délégué
par le Conseil municipal, s'était rendu « à la

« chapelle dite de Valcluse pour enlever la
« statue dite vierge et toutes les marques de
« l'infâme royauté et féodalité, de même que la
« cloche qui s'y trouve. » Avant son arrivée, des
mains pieuses avaient emporté la statue et
l'avaient mise en lieu sûr. Au premier jour du
rétablissement du culte, ces mains restées
inconnues la replacèrent sur son autel où on
la voit encore.

On voit aussi, au-dessus du portail primitif
de l'ancienne propriété Bayon (sur la route de
Draguignan, au pied du cimetière) la jolie
statuette en marbre qui a remplacé la vierge
proscrite par la Terreur. Cette statuette a été
posée, lors du rétablissement du culte, probablement par le prieur Louis-Joseph Bayon, qui
a voulu accentuer son œuvre pie par le distique
suivant, lequel ne perdrait rien à échanger *ne
toublie* contre *scuviens-toi*.

> Si le nom de Marie en ton cœur est gravé
> En passant ne toublie de lui dire un *ave !*

III

19 fructidor an III (5 septembre 1795). —
Le Conseil Général de la Commune tient ses
séances dans la maison du citoyen François
Fanton, rue de la Commune[1], « attendu le

---

(1) Cette rue (actuellement *rue Gazan*) avait déjà perdu
son nom de *rue Mirabeau* qui lui avait été donné, le 18
avril 1791, quinze jours après la mort du grand orateur.
Depuis plus d'un an, les cendres de ce dernier avaient été
chassées du Panthéon, pour faire place à la dépouille mor-
telle de Marat,

« feu pris au magazin général des fourrages
« existant dans la cy-devant cathédrale et, qui
« ne permettait plus à la Municipalité de tenir
« ses séances dans la maison-commune, soit
« par rapport au danger occasionné par l'in-
« cendie que par rapport aux autres incom-
« modités qui en sont inséparables. » Le Conseil
se déclare en permanence jusqu'à ce que l'incendie soit complètement éteint et prend toutes
les mesures que commandent les circonstances.
Il propose, comme nouveau magasin, « l'an-
« cienne maison de l'hopital de la Charité, dans
« laquelle se trouve établi l'hopital militaire n° 3,
« lequel pourrait être transféré dans la maison
« du cy-devant séminaire. » En attendant, « le
« foin de la République est placé en meules
« au local dit Clavessin adérant au Cours, et
« la ci-devant église des ci-devant Jacobins
« sert d'entrepot pour la distribution journa-
« lière des rations des fourrages. »

*Mandat de 15,021 livres payé à divers
ouvriers pour éteindre le feu du magazin
du foin de la République.*

« Antoine Tombarel, trésorier de la Com-
« mune, rembourses-vous de la somme de
« quinze mille vingt une livre que vous aves
« payées aux différents ouvriers et matériaux
« pour le montant de la dépense faite pour
« éteindre le feu pris dans le magasin du foin
« de la République a la cidevant paroisse de
« cette Commune, exécution de la délibération

« du Conseil Général de la Commune du dix-
« neuf fructidor et jours suivant, le tout
« contenu et détaillé dans le rolle ci-dessus.

« A Grasse le cinquième jour complémentaire
« de l'an 3ᵉ de la République Française une et
« indivisible »

Signé PUGNAIRE l'aîné off. mᵃˡ.   COURT Maire.

IV

LIBERTÉ — UNITÉ — ÉGALITÉ

Grasse, le 24 thermidor.
l'an 2ᵉ de la République française une et indivisible.

*Le tribunal du District de Grasse,
Département du Var à la Convention nationale,*

Catilina n'est plus et la France est sauvée.
Des scélérats, des monstres, sous le masque
d'une vertu mensongère, voulaient tourner au
profit de la tyrannie les efforts qu'un grand
peuple fait depuis cinq ans pour la liberté.
Notre juste indignation a été à son comble.
Véritables représentants, vous avés vengé les
droits et la majesté du peuple français indignement outragés par de vils conspirateurs. Plus
insensés que les titans qui voulurent escalader
le ciel, les sacrilèges osaient concevoir l'idée
d'élever un trône nouveau au faite de la sainte
montagne. Vous les avés précipités et la volonté
du peuple a encore triomphé par la vertu de
ses représentants fidèles. C'est ainsi que nos
ennemis seront toujours anéantis ; le manteau

trompeur d'une fausse incorruptibilité ne pourra les soustraire aux regards foudroyants de la justice. La République s'affermira de plus en plus par les efforts impuissants des traîtres; l'espoir du crime et de l'étranger sera trompé et la montagne sainte, loin de devenir le berceau d'un nouveau tyran, sera pour tous les agents infidèles la Roche tarpeyenne ; sur sa cime majestueuse germera l'arbre auguste de la Liberté, fécondé par vos soins. Ses racines profondes embrasseront l'univers entier et les siècles à venir ; tel sera votre ouvrage, vertueux Représentants ; l'amour et la reconnaissance de tous les peuples seront votre récompense.

V

L'ABBÉ TISSERAND. — *Histoire de la Révolution française dans les Alpes-Maritimes.*
(p. 196 et suiv.)

« Extrayons, des *registres du Comité de*
« *surveillance de Grasse,* les faits et gestes des
« citoyens Marc-Antoine Taladoire, Maximin
« Aubanel, Louis Girard l'aîné, Louis Ory
« l'aîné, Niel aîné, Lambert jeune chirurgien,
« Louis Brun père.

« Les séances se tiennent dans l'ex-maison
« curiale du sieur Mougins, ex-curé décédé
« depuis quelques jours (22 septembre 1793).
« Elles commencent, le 6 octobre, en présence
« du commandant de gendarmerie et des deux
« juges de paix, Courmes et Rey. Les sieurs

« Courmes et Raybaud, membres de la société
« populaire, viennent complimenter le comité ;
« la municipalité répond qu'elle se fera un
« devoir de lui communiquer tout ce qui
« intéressera le bien de la République une et
« indivisible. Le premier citoyen dénoncé est le
« sieur Mantéguès fils, huissier, fugitif de
« Marseille, depuis l'entrée de Cartaux, et
« maintenant réfugié chez son père, Paul
« Mantéguès, boulanger. Il a prêché, à Grasse,
« le fédéralisme et l'établissement des sections.
« Ordre au commandant de gendarmerie de
« l'arrêter, et au juge de paix de mettre ses
« papiers et effets sous séquestre. Et il en sera
« ainsi de tous les autres qui suivent. »

Honoré Seytre, homme de loi, aussi fugitif de
Marseille — Jean Isnard dit la Brayasque ter-
rassier — Scipion Muraour ménager — Henri
Pagan menuisier — Jean Joseph Michel parfumeur — Jean Gaitte dit Crillon ci-devant
bourgeois — Mellon Conte perruquier, frère
d'un émigré — Joseph Bernard cadet, ci-devant
bourgeois, l'un des chefs de la *Société des
Artistes* — Louis Elzéar Lambert chirurgien —
Jean Isnard *la tourmente* — La femme Mars,
épouse de Gaitte dit Crillon — Cresp cadet dit
la Ribe — Pierre Artaud négociant, l'un des
principaux membres de la *Société des Artistes* —
Escoffier perruquier — Joseph Roubert peintre
— Louis Magagnosc menuisier — Pierre Lions
caissier au Pontet, trésorier de la Société aristocratique — Arnoux peintre — Camatte, de
Montauroux — Jourcin domestique de l'ex-

évêque — Jean Seytre frère d'Honoré, homme de loi — Lambert *la loupe* — La fille Lombard, ex - noble (de Gourdon) sœur d'un émigré — Payan tamisier — Le capitaine Théas dit Sully invalide, ex-noble, le chef du parti aristocratique de Grasse. On le garde à vue dans son domicile, parce qu'il est malade — Jean-Paul Roustan ex-bourgeois — Calvy Vignolet, conseiller à la Cour des Comptes, père d'un émigré — Elisabeth Dozol, tante d'un prêtre émigré — La femme Rouquier-Imbert — Maure notaire, l'un des membres les plus ardents de la *Société des Artistes* — J. F. Fortuné Lemore cadet, frère d'un prêtre émigré — Ricord fils — François Isnard orfèvre — Curault avoué — Girard fils, homme de loi — Albert Durand dit Sartoux ex - noble, père d'un émigré — Luce apothicaire — Bernardi homme de loi — Benoit père dit *Caussols* — La femme Crosnier — — Féraud l'aîné, ancien officier municipal — Lions huissier — Fabre droguiste — Bruéry huissier — La Bayaire — Argentéré — André Martelly avocat — Sa femme, Maure — J. B. Barbery ex-commandant de la Garde nationale — Aulagnier armurier — Daumas homme de loi — La citoyenne Joachim — La femme Aguillon — Bérage — La femme Aulagnier (Muraour) — Léopold Ainésy frère de trois émigrés — Conte père dit *Tarascon* — Crosnier directeur de l'hôpital militaire.

« Nous n'en finirions pas, ajoute l'abbé Tis-
« serand, si nous donnions le catalogue de
« tous les Grassois qui furent ainsi jetés en
« prison par le Comité de surveillance. »

VI

Voici les noms de ces trente-un infortunés tels qu'on les lit au bas de cette *relation* : Trucy (de Barjols), J. J. Mougins, Trucy fils, Rouvier, Payan, Aulagnier, A. Escoffier, Mirau, Aulagnier, Maurel, Trouin, Chieusses, Pellegrin, Tournel, Honoré Vidal, Robert, Féraud, Lucrèce Giraud, Liautaud, Carles, Clément Bernardy, Portanier, Lambert, Praire, Françoise Basset, Rouaze-Crosnier, Reinaud, Camail (de Vidauban) « mort de fatigues et de douleur en arrivant à Paris. etc. » 31 en tout : 27 hommes et 4 femmes dont 2 enceintes.

M. Trucy, avoué à Brignoles, a bien voulu me communiquer l'ordre d'arrestation de son grand-père et de son bis-aïeul inscrits dans la liste ci-dessus. Ce document authentique est d'autant plus intéressant qu'il contient aussi l'ordre d'arrestation du Comité tout entier de la section de Barjols. Je me fais donc un plaisir de le reproduire et d'adresser tous mes remerciments à la personne obligeante de qui je le tiens.

MANDAT D'ARRÊT

décerné, à Barjols, le 5 octobre 1793, par les Représentants en mission, Paul Barras, de Fos-Amphoux, et Roubaud, d'Aups.

Le Comité de la section de Barjols

Requiert le Commandant de la garde nationale de fournir aux Commissaires nommés,

pour demain matin à trois heures, un détachement de vingt hommes armés, qui seront aux
ordres des citoyens Gontard et Mataud, commissaires sus-nommés.

Le 22 juillet 1793. *Signé :* GONTARD.
VILLECROZE, président ; MONTAND,
MATHIEU, THADEY, SALLIEN.[1]

Collationné conforme à l'original, une signa-
ture étant effacée.

LES REPRÉSENTANTS DU PEUPLE PRÈS L'ARMÉE D'ITALIE
Signé : Paul BARRAS, ROUBAUD.

Nous Représentants du peuple près l'armée
d'Italie requéronts l'administration du district
de Barjols de faire mettre en état d'arrestation
les dénommés ci-dessus et de faire apposer les
scellés sur leurs papiers et le sequestre provisoire sur tous leurs biens meubles et immeubles.

L'administration est aussi requise de faire
arrêter les nommés Trucy père et fils aîné, de
faire apposer les scellés sur leurs papiers particuliers et de faire séquestrer tous leurs biens
meubles et immeubles, comme étant prévenus
d'avoir de concert avec le traître Bayne, attenté
contre la Représentation nationale dans la
personne du citoyen Roubaud.

A Barjols le 5 octobre l'an 2 de la République
française.

LES REPRÉSENTANTS DU PEUPLE
Signé : Paul BARRAS, ROUBAUD.

(1) Cette réquisition se rattachait sans doute à quelque
mesure contre-révolutionnaire.

VII

*Notes manuscrites relatives
au voyage de J. J. Mougins de Roquefort
et de ses 30 compagnons.*

(Extrait.)

GRASSE. — Nous partons le 6 messidor an II (24 juin 1794), à midi, escortés par 5 gendarmes et 60 gardes nationaux. La plupart d'entre nous avaient des montures, les autres étaient à pied. Le tambour bat au champ, comme pour une marche triomphale. Les citoyens se rassemblent en foule, mais leur attendrissement et leurs larmes nous témoignent que leurs cœurs ne se méprennent pas à cet appareil étrange et dissonnant.

CANNES. — Nous arrivons à Cannes, notre premier repos, à 5 heures. L'humanité nous accueille, présage trompeur ! On nous installe dans une des salles de la Maison-Commune où l'on nous fournit des matelas. Mais, des charrettes nous attendent et, le lendemain, on nous y entasse pêle-mêle, tellement pressés les uns près des autres que nous en étions violemment incommodés, surtout étant exposés aux ardeurs d'un soleil brulant. Quoique dans le mois le plus brulant, on n'a pas même pris le soin de couvrir nos charrettes. Nous gagnons Fréjus.

FRÉJUS. — A notre arrivée, on nous loge dans un cachot malsain qui respirait l'humidité, peu spacieux. Nous étions les uns sur les autres. Obligés de satisfaire nos besoins naturels dans ce local, il respira bientôt l'infection.

Nota. — C'est dans ces conditions que se succèdent 40 étapes parmi lesquelles je me borne à signaler les suivantes. Le gîte est presque partout une ci-devant chapelle ; la nourriture réglementaire est le pain et l'eau ; le coucher est le sol, quelquefois garni d'un peu de paille pourrie, et souvent parsemé d'excréments laissés par les prisonniers de la veille.

BRIGNOLES. — Aux approches de ce lieu, nous entendons crier : *Aristocrates, assassins, scélérats, à la guillotine !* C'étaient des moissonneurs accourus à notre passage et qui accompagnaient ces apostrophes effrayantes de gestes menaçants. Après nous avoir déposés dans une chapelle où la Société populaire tient ses séances, on nous traîne aux prisons. Devant nous s'ouvre un cachot ; un rayon de lumière y pénètre à peine ; dans un coin, un tas de paille déjà convertie en fumier sert de latrine.

MARATHON (ci-devant St-Maximin). — On nous prodigue les témoignages de la plus tendre pitié ; on nous accompagne jusqu'à une vaste chapelle et là nous recevons des paroles de consolation ; des rafraîchissements nous sont offerts.

AIX. — Quelle différence ! Que nous sommes loin des mœurs de Marathon ! On nous loge dans un galetas mal propre dont la porte est refermée. Nous appelons, nous demandons de la paille et, au moins, un baquet pour servir à nos besoins ; pas de réponse, rien, il faut se décider à s'étendre sur la poussière. Sur les onze heures, la porte s'ouvre. C'était la concierge, horrible mégère accompagnée d'un valet portant une lanterne. — *Combien êtes-vous ? — Trente un. — Eh bien, il nous faut cinquante sous pour tête pour la couchée.* Murmure général d'horreur. Les soldats de garde attirés par le bruit firent cesser cette scène scandaleuse.

ORANGE. — Siège de la Commission populaire que l'on connait. On nous entasse dans une cour d'environ dix pieds de long sur sept de large, au haut de laquelle était un tas de paille rempli d'ordures. Plus de 200 malheureux prisonniers, la pâleur de la mort sur le visage, l'âme abreuvée de désespoir, attendaient le moment fatal qui devait les arracher à la vie. C'est là où ils mangeaient, dormaient, faisaient leurs besoins. Que l'on juge de l'infection ! Sur les 7 heures du soir, la porte infernale s'ouvre et nous voyons entrer 12 malheureux condamnés à la mort et dont l'exécution a été suspendue jusqu'au lendemain. Qui le croirait ? Ils étaient escortés par l'accusateur public de ce tribunal assassin. Cet homme faisait tout à la fois les fonctions de juge, de gendarme, de géolier et aurait, au besoin, rempli celle de Vengeur du Peuple ! Enfin, le jour arriva ; nous quittames cette infernale demeure et nous montames sur les charrettes , pendant que les malheureux condamnés allaient au supplice.

PIERRE-LATTE. — On nous place, de dix en dix, dans des cachots peu spacieux, presque pas éclairés où l'on respire la plus mauvaise odeur et qu'occupent déjà des prisonniers *Barbets.* La chaleur nous étouffait. A force de supplications, le concierge nous permet d'aller respirer l'air dans la cour.

VALENCE. — On nous enferme dans l'ancienne prison bâtie par les ci - devant fermiers-généraux, pour y renfermer les contrebandiers qu'ils envoyaient à la mort, lorsqu'ils n'avaient pas les moyens de satisfaire leur insatiable cupidité. Dans ces cachots souterrains, nous trouvames des prévenus de divers genres de délits et notamment le bourreau qui racontait avec satisfaction le nombre des victimes qu'il avait immolées. Quelle compagnie et quelles angoisses nous eumes à dévorer !

SAINT - VALLIER. — On nous logea dans l'écurie d'une auberge où nous aurions passé une bonne nuit, sans le tapage épouvantable que la Garde nationale du pays fit pendant toute la nuit dans cette auberge.

VIENNE. — On nous fit traverser la ville avec la plus grande affectation, pour nous donner en spectacle au public ; mais, le peuple nous a manifesté qu'il était étonné de voir des malheureux trainés ignominieusement et dans l'appareil le plus affreux. C'est dans une cour que la plupart d'entre nous couchèrent et nous essuyames la pluie la majeure partie de la nuit.

Commune affranchie (ci-devant Lyon). — Le faubourg de la Guillotière et une partie de la ville qu'on nous fait traverser offrent à nos regards les malheureuses traces de la révolte de cette cité. C'est à la prison appelée *Rouane* que nous sommes renfermés. Il n'est rien que l'on puisse assimiler à ce ténébreux séjour. Chacun reçut une grosse botte de paille pour son lit. Mais, quel spectacle déchirant va se préparer pour nous ! Le matin, au moment du départ, on nous enchaîne, de trois en trois, par le cou. Je le suis avec les citoyens Tournel et Lambert. Après quelques heures de marche, nous supplions nos conducteurs de nous oter nos fers, de notre cou que l'on avait serré trop étroit. Les monstres rient de voir notre gêne et nos tourments. — Le village de *la Brêle* était le terme de leur mission. Ils nous otent nos chaînes et emportent avec eux ces instruments de douleurs.

Roanne. — On eut la cruauté de nous promener dans toute la ville. On nous laisse, pendant une heure, au milieu d'une rue en spectacle à tout le public. On nous enferma enfin dans une prison affreuse presque point aérée. Nous y fûmes avec toute sorte de prisonniers, mal nourris et encore plus indignement couchés.

Varennes. — Une multitude immense accourt à notre rencontre. Les mots de *scélérats*, *malheureux, vive la guillotine !* des huées, des menaces ! C'est un soldat volontaire qui animait cette troupe égarée ; il dit que, pour abréger nos souffrances, il faut nous expédier au plus tôt. Les officiers municipaux rient de ces insultes. Plusieurs d'entre nous furent menacés, culbutés, frappés, en descendant des voitures et notre perte était certaine, sans la fermeté de nos gendarmes et d'un brave hussard. On nous enferma dans la tour de l'horloge composée de trois étages dont les planchers faits en bois et fendus de distance en distance étaient couverts d'un peu de paille puante, répandant une odeur pestilentielle qui nous suffoquait. Les ordures que l'on était obligé de faire sur un plancher retombaient sur ceux qui se trouvaient en dessous. Quelles souffrances et quelle nuit !

BRUTUS LE MAGNANIME (cy-devant St-PIERRE LE MOULTIER). — Sur une des portes on lit ces mots : « Icy on respecte le malheur, on honore « la vieillesse et on accorde l'hospitalité à l'in-« digence. » Que d'espoirs qui furent de peu de durée ! Un vieux cerbère nous fit entrer avec morgue et brutalité dans une cour autour de laquelle étaient différents cachots souterrains remplis d'ordure et de vermine. Ce ne fut qu'à force de supplications qu'on nous permit de coucher dans la cour et en plein air.

NEMOURS. — Nous y apprenons la fin du tyran qui, tout en parlant sans cesse du peuple, l'assassinait au fond de son cœur et enchainait la liberté. Evénement à jamais mémorable pour la nation française !

CORBEIL. — Il est impossible d'être plus audacieusement maltraité que nous le fûmes à Corbeil. On nous laissa une heure sur nos charrettes, au devant de la prison, exposés aux regards du public. Le district se décida enfin à nous déposer dans une cour où la femme du concierge nous fouilla impitoyablement et de la manière la plus indécente et inhumaine, avec des menaces et des expressions horribles. Le maire averti ramena à son devoir cette femme furibonde et audacieuse. L'on nous donna des vivres qu'on nous fit payer bien cher, car là, comme dans toute la route, les aubergistes et surtout les concierges ont horriblement abusé de notre position.

PARIS. — Nous arrivames à Paris, le 14 thermidor sur les 4 heures du soir. En traversant les rues, nous apercevions que l'on nous prenait pour quelques fervents de Maximilien Robespierre et l'on doit juger que cette erreur exaltait le peuple et nous faisait accabler d'injures. On nous conduisit à la Conciergerie et l'on nous fait coucher, de trois en trois, dans d'espèces de tombeaux, sans matelas et sans paille, où des rats de la grosseur de petits chats se promènent sur nos figures. On nous transféra ensuite au bâtiment de *la petite Force*, ci-devant collège du Plessis, rue Saint-Jacques.

VIII

PROSCRIPTION D'ISNARD

Lettre écrite par Isnard à la Convention Nationale et lue
dans la séance du 24 Frimaire l'an 3ᵉ de la République.

Citoyens Collègues,

Le tyran, n'est plus..... et celui qui, dès 1792,
osa, le premier l'attaquer, languit encore sous
l'oppression.

Voici quinze mois que j'erre de souterrain en
souterrain, presque sans communication avec
les hommes et la nature, répandant autour de
moi la contagion du supplice, vivant, pour
ainsi dire, dans la fosse de la mort, ou
comme enchainé au pied de l'échafaud.....
Et non seulement je suis innocent, mais depuis
1789 je n'ai cessé de combattre pour le triomphe
de la vraie liberté ; je veux dire, celle que l'on
adore aujourd'hui, et qui est fille des loix, et
non la mère de la licence. Je ne me plains pas :
ma récompense est dans mon cœur ; je suis
trop heureux d'avoir eu tant à souffrir pour la
patrie ; et puisque, par un long miracle, je vis
encore, me voilà prêt à lui sacrifier de nouveau
mon existence : *Périsse Isnard, s'il le faut, et
vive la République !* telle fut toujours, ma
devise.

Je suis une des victimes des vengeances de
Robespierre, des Municipes de Paris ; vous
serez étonnés, lorsque vous apprendrez avec
quel acharnement ces tyrans m'ont poursuivi ;

mes crimes sont d'avoir menacé l'un, d'un décret d'accusation et les autres, du supplice qui les attendoit ; enfin d'avoir bravé leur proscription pour sauver la patrie.

Au reste, j'apporte ma tête à la loi, si je suis coupable ; je réclame mes droits, si je suis innocent : je désire obtenir *justice* ou *la mort*.

Je demande que la Convention me juge ou qu'elle me renvoye devant tel tribunal que ce soit ; pourvu que l'on m'accorde de me faire entendre, et que l'on ne m'attaque pas lorsque je suis absent et dans l'impuissance de confondre mes calomniateurs, je suis satisfait.

*
* *

Sur cette lettre et celles de plusieurs autres députés *mis hors la loi*, qui tous demandaient à être jugés, intervint, le 27 frimaire, le décret suivant :

La Convention nationale

Après avoir entendu ses Comités de salut public, de sûreté générale et de législation, décrète :

Aucun des dénommés dans les décrets du 28 juilletet du 3 octobre 1793 (vieux style), à l'exception des représentants du peuple rappelés à leurs fonctions par le décret du 18 frimaire présent mois, ne rentrera dans le sein de la Convention Nationale et il ne pourra être fait contr'eux aucune poursuite par les tribunaux.

*
* *

ISNARD A SES COMMETTANS
(Extrait)

« Français,

« Vous venez de voir dans ma lettre à la
« Convention que j'ai offert ma tête pour satis-
« faire aux loix, si je suis coupable ; et que j'ai
« réclamé *mes droits*, qui sont *les votres*, si
« je suis innocent. En vrai républicain, j'ai
« demandé et je demande encore *justice* ou *la*
« *mort*. Il a été jugé à propos de ne m'accorder
« ni l'une ni l'autre..... »

Nota. — Isnard, comme les autres Conven-
tionnels mis *hors la loi,* ne fut admis dans la
Convention que, le 19 ventose an III.

*
* *

Le représentant Durand-Maillane raconte
(*loco citato* p. 109) la séance de la Convention
du 25 mai 1793 à laquelle il avait assisté ; et il
ajoute : « Cette réponse, qui a valu à Isnard,
« son auteur, une proscription dont il a lui-
« même chanté les douleurs après la mort de
« Robespierre, fut attaquée vigoureusement par
« Marat, Robespierre et Danton. Le député pro-
« vençal, dont l'éloquence se ressentait du
« climat d'un pays qu'il honore par ses talens
« et sa probité, n'a jamais parlé à la tribune,
« que de l'abondance de son cœur pour la
« vérité ou pour ce qu'il croyait l'être. Il s'ex-
« prima, dans cette occasion, comme à son
« ordinaire, avec une rhétorique qui, si su-
» blime qu'elle fût, n'était que naturelle, chez
« lui. Plus d'une fois, le sombre Robespierre,
« qui n'avait qu'une éloquence morte en parais-
« sait aux Jacobins sensiblement jaloux. »

IX

L'assemblée comptait 533 membres fournis par les 9 districts du département, savoir : Toulon 101, Grasse 88, Hyères 44, Draguignan 100, Brignoles 61, Saint-Maximin 35, Fréjus 22, Saint-Paul-lès-Vence 28, Barjols 54. — Ces députés touchaient 6 livres par jour et 25 sols par lieue, pour frais de route.

Ceux du canton de Grasse étaient : François Roubaud médecin ; Claude-Henri Roubaud avocat ; Jean-Honoré Templier négociant ; Jean Isnard fils négociant ; Honoré Perrolle notaire ; Pierre Giraud négociant ; Honoré Giraudy médecin ; Boulay aîné négociant ; Marc-Henri Cresp ; Gazan fils avocat ; Honoré Pugnaire sous-diacre ; Mougins Théas ; Laugier avocat ; Fabre notaire ; Mathieu Rancé ; Euzière avocat ; François Maure-Pons ; Cresp-Guidal ; Scipion Artaud ; Gilly négociant ; Spitalier avocat du Roi ; Léopold Levens négociant ; P.-J. Roubaud avocat ; Pierre Girard avocat ; J.-H. Mercurin négociant.

X

L'an 1793, et le premier de la régénération de la Monarchie française et du règne de Louis XVII, et le 24 septembre avant midi, par devant nous (Sylvestre et Verguin) notaires royaux à Toulon, recevant conjointement dans

les mains courantes respectives des sieurs
Lesperon et Reboul[1] et en présence des témoins soussignés, ont été présents en personne MM. (les commissaires nommés par les
8 sections de la ville, les président, vice-prési-
dents et secrétaires du Comité général, les
membres du Comité général des sections, ceux
des administrations provisoires du département, du district et de la commune : en
tout 129), tous ensemble représentant la ville
de Toulon, lesquels en cette qualité, en exécution de l'arrêté pris par le Comité général des
sections, le 12 du courant, adhéré par toutes
les sections en conformité d'icelui, et encore de
la nomination faite par ledit Comité général, le
16 dudit mois, également acquiescé par toutes
les sections, ont donné pouvoir à MM. Jacques-
Antoine-Louis Pernety, ancien payeur-général
de la marine, et Laurent Caire, négociant, tous
les deux de cette ville, commissaires nommés,
de, pour et au nom du peuple toulonnais, et
pour le Roi, emprunter à Gênes, Rome,
Livourne, et tous autres lieux où besoin sera,
un million de piastres fortes, sous l'intérêt ou
change, et sous les pactes, clauses et conditions les plus avantageux ; traiter à cet effet
tant pour le taux de l'intérêt que pour le terme
du paiement ; donner pour hypothèque de cet
emprunt tous les domaines nationaux, royaux
et publics, tant de terre que de mer, de la ville
de Toulon et ses dépendances, ensemble l'arsenal dudit Toulon, ainsi que les vaisseaux et

(1) Aujourd'hui Mes Laurent et Gence.

tout ce qui en dépend, sous la garantie de
LL. EEx. les amiraux anglais et espagnol ;
passer tous actes d'obligation par-devant tous
officiers publics, avec les formalités de droit
et d'usage dans les pays où l'emprunt sera
fait ; passer aussi tous actes d'assurance, et
au meilleur avantage possible, pour la sûreté
du transport du susdit million de piastres
fortes, et généralement faire tout ce qui pourra
leur paraitre le plus utile et le plus convenable.
Et de même suite ont été présents en personne
LL. EEx. milord Samuel Hood, commandant
l'armée de S. M. Britannique, et don Juan de
Langara, commandant l'armée de S. M. Catholique, lesquels, pour et au nom des rois d'An-
gleterre et d'Espagne, donnent pouvoir auxdits
sieurs Pernety et Caire, commissaires nommés, de, pour et en leurs noms respectifs,
garantir le susdit emprunt d'un million de
piastres fortes ; contracter à cet effet tous
engagements, sauf le recours de leurs souve-
rains sur les hypothèques désignées, et sous
la condition que les fonds empruntés seront
adressés et expédiés à LL. EEx. les amiraux
respectifs, pour plus grande sûreté, attendu
les circonstances, lesquels fonds seront déli-
vrés au fur et à mesure des besoins, sur les
reconnaissances qui en seront données par
la ville de Toulon ; signer tous actes authen-
tiques, remplir toutes les formalités de droit ;
le tout sous promesse, de la part des constituants, de faire approuver, ratifier et confirmer par la ville de Toulon tout ce qui sera

fait et géré par lesdits sieurs commissaires, en vertu des susdits pouvoirs, et de les relever et garantir de toutes charges ; requérant acte valable, nonobstant surannation et jusqu'à expresse révocation.

Concédé, fait et publié dans la maison du sieur Saqui, sise sur le port, dans laquelle le Comité général tient ses séances, et ensuite dans les bords respectifs de chaque amiral, dans la rade de cette ville, où nous nous sommes exprès portés, en présence des sieurs Antoine Balthazar Brun Boissière, ancien trésorier des vivres de la marine, et Guillaume Puel, commissaire au bureau des subsistances, demeurant audit Toulon, témoins requis et soussignés avec les constituants, à l'exception des dits sieurs Penne et Astier, qui ont déclaré ne savoir écrire, de ce enquis par les notaires, ayant tous approuvé la rature de cinq mots, comme nuls.

Suivent 127 signatures à la suite desquelles figurent celles des amiraux Hood et Langara.

Enregistré à Toulon, le 26 septembre 1793, le premier du règne de Louis, XVIIe du nom. Reçu 20 sous fixés, le droit à plein ayant été perçu sur la minute de M. Lesperon.

Signé LEBLANC.

*
* * *

Huit jours avant, le 18 septembre 1793, le citoyen Jacques Monbrion, délégué du Comité de Salut Public dans le département du Var, écrivait de Marseille la lettre suivante que

M. Robert-Reboul, le savant et infatigable cher-
cheur vient de reproduire, d'après la *Gazette
Nationale* ou *le Moniteur Universel* du 28 du
même mois. Je la reproduis moi-même à titre
de curiosité.

« Nous avons vu les habitants des contrées
« où nous avons passé, se lever en masse, le
« cœur ulcéré de rage contre les ennemis du
« dedans, et pleins du désir de combattre les
« ennemis du dehors. Pour répondre à vos
« intentions paternelles, les mesures les plus
« rigoureuses et les mieux combinées sont
« prises pour rendre la place de Toulon à la
« République. 3,000 hommes de Marseille et les
« canonniers se mettent en marche, le 20 du
« présent, pour renforcer l'armée du général
« Cartaux. L'horreur pour les traitres est à
« son comble dans les départements des Bou-
« ches-du-Rhône, du Var et de Vaucluse ;
« on est indigné contre l'ex-général Brunet,
« et on l'accuse hautement de trahison ; car les
« traitres de Marseille l'envisagent comme leur
« rempart. Les représentants du peuple Barras
« et Fréron ont sauvé l'armée d'Italie, et au-
« raient sauvé Toulon sans ce traitre.

« Ollioules, près Toulon, a été livré au ressen-
« timent national, parceque les paysans avaient
« eu la criminelle audace de faire feu sur
« l'avant-garde de l'armée de la République.
« Le 19 au soir [1], on a pu commencer la fou-
« droyante attaque de Toulon. Les ennemis n'y

(1) Il y a là évidemment une faute d'impression. Monbrion ne pouvait annoncer, le 18, l'attaque du 19 au soir,

« sont pas en force ; et les traitres ne peuvent
« pas compter sur la majorité de Toulon. Une
« démarche des ennemis vient à l'appui de ce
« fait : ils ont armé hors du port une partie
« majeure de leurs vaisseaux, y compris le
« *Commerce de Marseille*, à nous appartenant,
« sur lequel probablement on veut embarquer
« les conspirateurs. Les Anglais et les Espa-
« gnols ne sont pas d'accord entre eux.

« Nous avons fusillé les gardes nationaux
« qui ont tombé entre nos mains : juste châti-
« ment des enfants barbares qui veulent déchi-
« rer le sein de leur mère. Nos batteries ont
« culbuté un petit batiment corse, qui a vrai-
« ment dansé la Carmagnole et coulé bas une
« frégate anglaise qui faisait la péronnelle.

« On a aboli à Toulon la guillotine pour la
« remplacer par la roue et la potence. On vient
« de nous assurer que plusieurs des officiers
« qui, par connivence avec le Comité général
« de Toulon ont empêché l'escadre de seconder
« Saint-Julien, viennent les premiers d'être
« suppliciés. O divine Providence, tu puniras
« tôt ou tard les traitres à la cause de l'huma-
« nité et de la liberté ! »

La fin de cette lettre n'inspire qu'une confiance très relative. Comment Monbrion pou-
vait-il savoir si exactement à Marseille, ce qui

à moins que, dans son ardeur patriotique, il n'ait voulu
devancer les événements. On sait en effet que les opérations
militaires contre la ville elle-même, ne commencèrent réel-
lement que le 1ᵉʳ octobre. C'est ce jour là que le chef de
bataillon Victor (le futur Maréchal duc de Bellune) attaqua
et emporta la montagne du Faron.

se passait dans l'intérieur de Toulon assiégé ?
Il inventait à plaisir, donnant libre cours à son
imagination de patriote exalté, et cherchant
évidemment à exaspérer l'opinion publique
contre la ville insurgée. Au moment où il
écrivait, les Anglais et les Espagnols, malgré
certains froissements, s'entendaient fort bien
pour arriver à se faire livrer notre premier port
militaire. Les assiégeants avaient pu fusiller
quelques gardes nationaux faits prisonniers,
le 7 septembre, dans les affaires d'Evenos et
d'Ollioules, mais on se demande quand et comment le supplice de la roue (!) avait été inauguré
à Toulon. Le narrateur fait là de la haute
fantaisie, comme il veut faire de l'esprit avec
sa *carmagnole* et sa *péronnelle*.

*
* *

M. Robert-Reboul vient d'exhumer aussi le
Précis historique sur les évènements de Toulon,
publié par M. le baron d'Imbert, en 1814. Cet
écrivain, avait joué un rôle important dans ces
déplorables évènements : il avait été notamment
un des députés envoyés par le Comité général à
l'amiral Hood.

XI

Du 19 mai 1811.

Acte de décès de Pierre Girard célibataire décédé le ..... à ..... heure ..... du ..... profession de propriétaire âgé de 53 ans, né à Grasse département du Var, domicilié à Grasse, quartier de la Foux, fils de feu Louis Girard marchand et de Anne Isnard son épouse.

Sur la déclaration à moi faite par le certificat du secrétaire-greffier du juge de Paix du canton de Grasse à la date de ce jour, portant qu'il résulte du procès verbal dressé par le Juge de Paix qu'il a été trouvé mort aujourd'hui à cinq heures du matin dans une chambre du batiment qu'il fesoit construire au quartier du jeu de balon, lequel certificat a été déposé au secrétariat de l'état civil.

Signé COURT-FONTMICHEL adjoint.

Nota. — Le suicide de Girard *la Barbette* est de notoriété publique à Grasse. L'ancien proconsul de la Terreur se tira un coup de pistolet, dans un pavillon alors en construction sur l'emplacement de la maison n° 21 du boulevard du *Jeu de Ballon.*

— Il en est de même du suicide du citoyen Fabre, notaire, un des principaux orateurs du Club des Sans-Culottes.

XII

L'abbé Tisserand *(loco citato)* donne la liste suivante des émigrés de Grasse : Etienne-François Prunière ex-évêque. — Prêtres : Albanelly François, Boéri, Bartel, Cavalier, Comte, Chéry, Chéry Raphaël, curé de Magagnosc, Guisol Jean, Jaury, Imbert François, Jourdan, Lemore, Méro, Pontevez, Pagan, Pilar Joseph curé de Plascassier, Martelly, Aubert, Bernard, Bonafons, Bérenger, Achard, Joubert, etc. — Ces prêtres n'avaient pas prêté le serment constitutionnel de 1790 ou celui dit *de liberté et d'égalité*, du 14 août 1792 ou bien ils les avaient rétractés. Comme tant d'autres, « plusieurs de « ces prêtres n'avaient jamais passé la fron- « tière. Ces malheureux se cachaient, erraient « dans les bois, changeaient de refuge chaque « nuit, officiaient clandestinement dans des « maisons particulières » (Victor Pierre — *La Terreur sous le Directoire)*. — Ex-nobles : Calvy-Vignolet, les trois frères Ainézy-Montpézat, Albert Durand-Sartoux, Albert Théas-Caille, Lombard-Gourdon, Luce-Gaspari, Montgrand, Geoffroy-Rouret, capitaine de vaisseau, Fanton officier d'artillerie, Roberti Antoine-Joseph fils d'Alexandre, lieutenant-colonel, Roberti veuve Blacas. — Hommes de loi : Alziary Ange (Saint-Vallier), Gaitte Jean-Joseph, Marcy Honoré, Lambert, avocats ; Autran Benoît, notaire. — Divers : Augier Jean-Joseph, Beaumont, Bellissime, Bertrand, Crouet, Cresp,

Guizol Albert, Imbert, Levens, Maubert, Mellon, Comte, Mercurin, Mougins Jean-Baptiste, Mouton, Réné Paulin, Robert dit Moissac, ancien militaire, Sicard François menuisier, Raimondi Octave fils de François, Honoré Trabaud cordonnier. — Ce dernier, ayant eu l'imprudence de rentrer à Grasse, fut dénoncé, arrêté et guillotiné, le 17 frimaire an II. Le décret de la Convention portait : Emigrés pris les armes à la main, peine de mort ; pris même sans armes, peine de mort ; rentrés en France, peine de mort.

XIII

Un mois après, les mêmes Représentants prenaient encore à Grasse l'arrêté suivant motivé par l'insurrection de Toulon :

Au nom de la Nation

Les Représentants du peuple près l'armée d'Italie

Considérant qu'une infinité de mauvais citoyens du département du Var se sont réfugiés à Toulon et qu'ils partagent les trahisons des conspirateurs renfermés dans cette ville ;

Considérant que l'intérêt de la République exige qu'en même temps que nous combattons ces scélérats, les armes à la main, leurs biens soient provisoirement mis en séquestre et qu'ils soient arrêtés partout où ils se trouveront ;

Arrêtent que l'Administration du département du Var est chargée, sous peine de responsabilité, d'ordonner sur le champ les sequestres des biens meubles et immeubles de toutes les personnes renfermées dans Toulon, lesquelles seront mises en état d'arrestation si elles paroissent sur le territoire dudit département.

Fait à Grasse, le 19 septembre 1793, l'an second de la République française.

Signé : Paul BARRAS — FRÉRON.

XIV

RÉPUBLIQUE FRANÇAISE — LIBERTÉ, ÉGALITÉ

Au nom du Peuple français

Les Représentants du peuple, députés par la Convention nationale dans les départements méridionaux,

Considérant que les dimanches et fêtes sont rayés pour toujours du nouveau calendrier et que par là même les bienheureux et bienheureuses qui faisaient tous les honneurs de l'ancien ont été, pour ainsi dire, condamnés à la déportation pour l'Espagne, l'Italie, le Portugal et les autres contrées de l'Europe où la tyrannie, aidée du fanatisme, se retranche contre la Liberté ;

Considérant que dans tous les départements l'autel de la patrie s'élève avec majesté sur les décombres des autels esclaves dressés à la superstition ;

Considérant que la Liberté et l'Egalité sont les seules divinités qui méritent notre encens et nos hommages ; que la Constitution française doit être notre unique évangile ; que la religion du véritable républicain est d'aimer, de servir sa patrie, de vivre ou de mourir pour elle : de voir dans tout bon citoyen un père, comme dans chaque *modéré* un traître, et dans chaque conspirateur un tyran ;

Considérant que la chute des prêtres doit suivre de près la chute des rois, et que leur empire n'est fondé que sur le charlatanisme et sur les préjugés ;

Considérant que le triomphe de la vérité sur l'erreur date de l'époque où l'on a vu, il y a peu de jours, l'évêque du département de Paris, ses vicaires épiscopaux suivis de tout le clergé de la Métropole, et imités par les évêques et les pasteurs qui sont membres de la Convention nationale, venir dans le sein de cette même Convention abjurer publiquement et d'eux-mêmes les pieuses momeries dont ils avaient été jusqu'alors les pontifes, et saisir d'une main purifiée le flambeau de la Raison et de la Morale, après avoir brisé la crosse et la mitre contre les rochers de la Sainte Montagne ;

Considérant la nécessité de remplacer par des fêtes nationales, dignes de la majesté du peuple français et de ses hautes destinées, les cérémonies puériles d'un culte qui, rétrécissant les âmes et façonnant à l'esclavage servait de pierre angulaire au trône des despotes, écroulé sous nos mains vertueusement régicides ;

Arrêtent que provisoirement et jusqu'à ce qu'il en soit autrement ordonné, la décade ou le jour du repos sera célébrée dans chaque chef-lieu de canton du département des Bouches-du-Rhône et du Var, par des fêtes civiques où assisteront toutes les autorités civiles et militaires, les sociétés populaires ; le peuple enfin ; où la vieillesse, l'enfance et le malheur, dignes de tous nos respects, seront au premier rang et occuperont les premières places, et où seront portés, avec les drapeaux pris sur l'ennemi ou reconquis sur le fédéralisme sectionnaire, les emblêmes de la Liberté et de l'Egalité, les tables de la Déclaration des Droits et de la Constitution du 24 mai 1793, les pierres et les modèles du château de la Bastille, ainsi que les images sacrées de Brutus, de Marat, de Pelletier, des citoyens morts aux frontières et de toutes les victimes de l'aristocratie ;

Arrêtent de plus que, pour entretenir dans les âmes les sentiments mâles et fiers qui conviennent à des républicains, la fête civique de chaque décade sera terminée par la représentation *gratis* des pièces les plus patriotiques telles que : *Brutus, La mort de César, Caïus Grachus, La Liberté conquise (Regulus), Guillaume Tell* et le *Jugement dernier des Rois*, suivis de l'*Hymne à la Liberté* ;

Chargent les autorités constituées desdits départements de se conformer sans délai aux présentes dispositions, chacun pour ce qui le concerne, et à l'égard de la Commune de Marseille en particulier, de se concerter avec les artistes et musiciens requis par nous à cet effet, pour donner à ces fêtes la pompe, l'éclat et la solennité qu'elles exigent, et pour que cet arrêté reçoive à la prochaine décade sa pleine exécution ;

Laissent aux administrations de département, de district, aux municipalités et aux sociétés populaires le soin de s'entendre avec les citoyens artistes musiciens et amateurs, pour tous les accessoires relatifs aux circonstances, aux saisons, aux époques glorieuses de la Révolution, et propres à embellir et à varier ces fêtes fraternelles ;

Enjoignent expressément aux directeurs des théâtres dits *Brutus* et *Républicain* de procéder, dans le terme prescrit, à l'exécution de cet arrêté, les rendant personnellement responsables de tout obstacle qui pourrait survenir et frustrer l'attente du peuple.

A Marseille le 25 brumaire an II.

Signé : FRÉRON.

* *

On lit dans *La Terreur sous le Directoire,* par Victor Pierre.

« Le jour de décadi, il y avait assemblée
« publique, soit dans la cathédrale, soit dans
« l'une des églises du culte proscrit. Les mem-
« bres de la municipalité, accompagnés des
« élèves des écoles et des gardes nationaux, se
« groupaient autour de l'autel de la Patrie
« que décoraient la déclaration des droits, 'des

« emblêmes et des trophées. En place d'Evan-
« gile, un des municipaux lisait la déclara-
« tion des droits ; en place de prône, le bulletin
« des lois, les nouvelles politiques, la liste des
« naissances et des décès ; c'était aussi le seul
« jour de la semaine où l'on célébrât les ma-
« riages civiques. Des hymnes patriotes, qu'ac-
« compagnait l'orgue quand il n'avait pas été
« vendu, tenaient lieu des psaumes et autres
« chants d'Eglise. Dans les bas côtés, les ci-
« toyens circulaient, causaient, les enfants fai-
« saient tapage, sans s'inquiéter s'ils troublaient
« ces offices auxquels présidaient parfois, avec
« une sorte d'aptitude, des prêtres assermentés
« qui avaient « abdiqué la prêtrise » et qui,
« devenus magistrats municipaux, célébraient
« le dimanche civique. »

XV

On lit dans l'histoire de la Convention nationale de Durand-Maillane :

« Une autre mesure qui parut nécessaire au
« parti vainqueur, fut l'établissement d'un tri-
« bunal révolutionnaire où l'on pût se défaire
« des ennemis de la révolution dans les formes
« apparentes de la justice, qui dégénéra bientôt
« après dans la suite en tribunal de sang, où
« l'innocent ne fut plus distingué du coupable.
« Il ne fut plus permis à aucun des malheureux,
« accusés d'un fantôme de crime, d'avoir ni

« conseil ni défenseur ; décret monstrueux
« qu'on ne peut se rappeler qu'avec effroi et
« indignation. »

Voici le discours des premiers juges nommés
sur une longue liste de candidats pris dans les
quatre départements voisins de Paris.

« Citoyens représentans

« Les juges et jurés composant le tribunal
« révolutionnaire se présentent devant vous,
« non pas pour témoigner de la reconnaissance
« à la Convention nationale, de la confiance
« qu'elle a placée en eux, mais pour lui annon-
« cer qu'ils sont à leur poste. Déjà les ennemis
« de la patrie nous calomnient de toutes parts :
« les uns désignent le tribunal comme un tri-
« bunal inquisitorial et un tribunal de sang ;
« les autres, profitant de l'inaction forcée dans
« laquelle on nous laisse depuis le jour de notre
« installation, excitent encore l'impatience qu'a
« le peuple de voir enfin les conspirateurs
« punis. Pour nous, au-dessus de la calomnie,
« impassibles comme la loi, mais inébranlables
« dans les fonctions augustes qui nous ont été
« déléguées, nous attendons le moment de
« déployer toute la sévérité des lois contre les
« ennemis de la chose publique. Représentans,
« le peuple s'indigne contre les traitres qui
« trament sans cesse de nouveaux complots ;
« leur audace le fatigue. Nous vous le disons
« avec courage : la patrie sera en danger tant
« que les conspirateurs pourront impunément
« se livrer à leur rage impie. Les ennemis de

« l'intérieur d'accord avec ceux de l'extérieur,
« menacent la patrie d'une subversion totale ;
« des généraux perfides et insolents osent dans
« leur fureur sacrilège nous proposer des rois.
« Périsse avec nous notre propriété, périsse
« notre mémoire, plutôt que de reconnaître de
« nouveaux tyrans !

« Représentans, il n'y a pas un instant à
« perdre. Ordonnez à votre commission des six
« de faire cesser enfin l'inactivité dans laquelle
« se trouve le tribunal révolutionnaire depuis
« son installation. Le peuple qui connait les
« conspirateurs, veut leur punition ; apprenez
« au peuple que la Convention nationale veut
« se réunir à lui pour sauver la République.
« Repésentans, nous vous le répétons ; nous
« sommes à notre poste où vous nous avez
« placés, et nous jurons d'y mourir pour le
« salut de la patrie. »

Durand-Maillane ajoute : « Je laisse au lecteur
« à juger du mérite et de la délicatesse des
« juges et jurés de ce nouveau tribunal qui
« semblaient n'attendre, comme des oiseaux
« de proie, que de la pâture. »

XVI

TRIBUNAL RÉVOLUTIONNAIRE

———

« Au nom de la République française et de la
« loi.

« Les Représentants du Peuple près l'armée
« d'Italie réunis à leurs collègues des départe-
« ments méridionaux.

« Considérant l'urgente nécessité de rendre à
« la justice criminelle toute l'activité qu'exigent
« les circonstances impérieuses dans lesquelles
« se trouve le département du Var ;

« Considérant que l'assassinat, l'absence ou
« la défection des membres composant le tri-
« bunal criminel séant à Toulon sont cause que
« les prisons sont remplies de prévenus de
« délits graves ;

« Considérant que, dans ces instants de crise
« générale où le brigandage, le meurtre et la
« trahison sont exercés par une faction scele-
« ratte, ennemie de la République et de la
« liberté, un des devoirs les plus essentiels des
« Représentants du peuple est de faire punir
« les traitres ;

« Arrêtent qu'il sera sur le champ établi
« dans la ville de Grasse, pour le départe-
« ment du Var, un tribunal criminel, lequel
« tribunal sera formé, suivant les lois, des
« membres pris dans les tribunaux des dis-
« tricts qui doivent les fournir, et, attendu la
« difficulté de convoquer, dans le moment, le

« corps électoral, les Représentants du Peuple
« nomment provisoirement pour remplir les
« fonctions de président du tribunal criminel,
« le citoyen Vincent Lombard du lieu des Arcs ;
« pour accusateur public près le même tribu-
« nal, le citoyen Vachier, homme de loi, de
« Barjols, et, pour greffier du même tribunal,
« le citoyen Girard, homme de loi, de Cotignac[1].

« A Solliès, le 8 septembre 1793, l'an 2 de la
« République française. »

Signé : PAUL BARRAS — FRÉRON —
ROBESPIERRE Jeune — RICORD.

XVII

Guillotin,

Médecin

Politique,

Imagine, un beau matin,

Que pendre est inhumain

Et peu patriotique.

Aussitôt

Il lui faut

Un supplice,

Qui sans corde ni poteau,

Supprime du bourreau

L'office.

---

(1) Les citoyens Vachier et Girard furent remplacés plus
tard par Christophe Reibaud et Vidal.

Or, vainement on publie
Que c'est pure jalousie
    D'un suppôt
    Du tripot
    D'Hippocrate,
Qui, d'occire impunément
Et même exclusivement,
    Se flatte.
    Le Romain
    Guillotin,
    Qui s'apprête,
Consulte gens du métier,
Barnave et le Chapelier,
Même Jourdan coupe tête,
    Et sa main
    Fait soudain
    La machine
Qui simplement vous tuera,
Et que l'on appellera
    Guillotine.

PUBLICATIONS DU MÊME AUTEUR

(ÉTUDES, MÉMOIRES, MONOGRAPHIES)

1878 — **Le Bois d'olivier.**

1878 — **Les anciens Camps retranchés des environs de Grasse.**

1880 — **Les Patois de Biot, Vallauris, Mons et Escragnoles.**

1881 — **Anciens camps retranchés des environs de Grasse.** — Médaille d'argent décernée à Nice.

1882 — **Excursions archéologiques aux environs de Grasse.**

1883 — **Grasse,** *Notes à la suite de l'Inventaire des Archives communales.* — Première Edition,

1886 — **Excursions archéologiques aux environs de Grasse.**

1887 — **Mouans-Sartoux.** — Médaille d'argent décernée à Aix.

1888 — **Notre-Dame de l'Ormeau à Seillans.** — Médaille de bronze décernée à Nice.

1889 — **La Terreur à Grasse.** — Médaille de bronze décernée à Nice.

1891 — **Saint-Vallier.** — Médaille d'argent décernée à Nice.

1891 — **Grasse,** *Notice historique et climatologique.* (Paul Sénequier et Dr Chuquet).

1892 — **La Danse Macabre du Bar.**

1892 — **Grasse,** *Notes à la suite de l'Inventaire des Archives communales.* — Seconde édition.